Top-fit im Kopf

Joachim H.
Angerstein

Das 5-Minuten-Programm

Top-fit im Kopf

Das ganzheitliche
Gedächtnistraining
für jedes Alter

Urania

Die Deutsche Bibliothek – CIP-Einheitsaufnahme

Angerstein, Joachim H.:
Das 5-Minuten-Programm Top-fit im Kopf : das ganzheitliche Gedächtnistraining für jedes Alter / Joachim H. Angerstein. – Leipzig ; Jena ; Berlin: Urania Verl., 1997
ISBN 3-332-00593-6
NE: Angerstein, Joachim H.: Das 5-Minuten-Programm Top-fit im Kopf

Titelgestaltung und Layout: **S/L Kommunikation, Igling**
Titelbild: **Lorentis/Stock Image/Premium**
Lektorat: **Dr. Reitter & Partner Verlag, Vaterstetten**
Satz: **Dr. Reitter & Partner Verlag, Vaterstetten**
Druck: **Westermann-Druck, Zwickau**

Printed in Germany
Gedruckt auf alterungsbeständigem Papier mit chlorfrei gebleichtem Zellstoff

Originalausgabe
ISBN 3-332-00593-6

Inhalt

Vorwort

Sie haben sich ein Urania Kompaktbuch gekauft. Deshalb können wir annehmen, daß Sie wenig Zeit zum Lesen haben und trotzdem bestmögliche Information und Hilfestellung erwarten.

Sie finden in diesem Buch ausschließlich Hinweise, die sich in unserer Berufspraxis als Fachlehrer und Psychotherapeuten bewährt haben.

Mit den auf das Lernen zugeschnittenen Techniken des Neurolinguistischen Programmierens (NLP) werden Sie lerngerechte Gewohnheiten bei sich verankern.

Wir erklären Ihnen, warum wir Lernen im Schlaf und Superlearning für »alte Hüte« halten, denn Lernen in entspanntem Zustand und Selbsthypnose sind einfacher und effektiver.

Zusätzliche Zeit für spezielle Übungen benötigen Sie nicht.

Wenn Sie in Zukunft nach den Empfehlungen dieses Buches mit Ihrem Gedächtnis umgehen, bieten Ihnen Ihre Berufs-, Schul- und Alltagssituationen unzählige Trainingsmöglichkeiten für das Gedächtnis.

Unseren Schülern und Kursteilnehmern, die uns immer wieder wissen ließen, welche Techniken und Anleitungen ihnen eine echte Hilfe waren, sei an dieser Stelle herzlich gedankt.

Eva Maria und
Joachim Heinrich Angerstein

Viechtach, Oktober 1996

So funktioniert Ihr Gedächtnis

Der ewige Kampf mit dem Gedächtnis

Unterschiedliche Lerntheorien versuchen, sich ein Verständnis für die Lern- und Speichervorgänge im Gehirn zu verschaffen, indem sie das Gedächtnis in verschiedene Bereiche unterteilen.

Aus der Vielzahl der gängigen Erklärungsversuche möchten wir für Sie die wichtigsten Begriffe herausgreifen, weil ihre Erwähnung nun einmal in einem Buch über Gedächtnistraining erwartet wird.

Ultrakurzzeit-, Kurzzeit- und Langzeitgedächtnis sind Konstruktionen ohne wissenschaftlichen, das heißt anatomisch oder physiologisch belegbaren Hintergrund.

Die Erfahrung, daß wir uns kurzzeitig, also über einen Zeitraum von ca. 30 Sekunden, maximal sieben (plus/minus zwei) Zahlen oder Buchstaben merken können, wenn wir sie nicht ständig wiederholen, gilt als Beweis für die Existenz eines *Ultrakurzzeitgedächtnisses*.

Wiederholen wir zum Beispiel eine siebenstellige Telefonnummer mehrmals ununterbrochen, so wird sie meistens nach ca. 30 Sekunden in das sogenannte *Kurzzeitgedächtnis* übernommen.

Eine Wiederholung innerhalb von 20 bis 30 Minuten führt unsere Zahlenreihe ins *mittelfristige Gedächtnis*.

Wiederholen wir sie innerhalb von acht Stunden noch einmal, so gilt der Verbleib im *erweiterten mittelfristigen Gedächtnis* für mehrere Tage als gesichert.

Kurzzeit- und Langzeitgedächtnis sind physiologisch nicht belegbar.

Die nächste Wiederholung am übernächsten Tag führt unsere Zahlenreihe dann endlich ins sogenannte *Langzeitgedächtnis*.

Doch auch im Langzeitgedächtnis besteht noch die Gefahr des Datenverlustes, wenn nicht Wiederholungen mindestens am übernächsten Tag und anschließend in einem Abstand von einer Woche, drei Wochen, sechs Wochen, zwölf Wochen und 24 Wochen eingehalten werden.

Sicher ist Ihnen anhand dieser »Gedächtnisspielerei« bewußt geworden, daß es sich in Wirklichkeit immer um ein und dasselbe Gedächtnis handelt. Genau gesehen haben wir es mit einem einzigen Gedächtnis zu tun, das automatisch Informationen nach ca. 30 Sekunden löscht, wenn sie nicht wiederholt werden. Nach ca. 20 Minuten kommt eine zweite Kontrolle; wurde die Information bisher nicht wiederholt, so wird sie jetzt einfach gelöscht usw.

Bei der Vielzahl der bewußt und unbewußt ständig auf uns eindrängenden Informationen ist diese Auswahl unumgänglich.

Andernfalls würde unser Gedächtnis nicht mit dem Einsortieren und Verknüpfen der Informationen zurechtkommen.

Zahlenreihen müssen Sie gedächtnisgerecht machen!

Die Einhaltung der Wiederholungsschritte und des Fach- und Methodenwechsels, wie sie im Kapitel über optimale Lernzeiten auf Seite 29 ff geschildert werden, ist die einzige Chance, seine Lernzeit richtig zu nutzen.

Um effektiv lernen und sich erinnern zu können, müssen Sie zwar die Arbeitsweise Ihres Gedächtnisses kennen, aber die fiktiven Namen sind ganz und gar unwichtig.

Selbst wenn Sie Ihrem Gedächtnis den Befehl geben: »Diese Telefonnummer bitte gleich ins Langzeitgedächtnis!«, vergessen Sie sie trotzdem, wenn Sie sich nicht nach der Wiederholungsgesetzmäßigkeit richten.

Ihr Gedächtnis glaubt Ihnen erst dann, daß eine Zahlenreihe wichtig ist, wenn sie häufiger verwendet, also mehrmals wiederholt wird. So einfach ist das.

Es gibt trotzdem einen Kniff, Zahlenreihen oder Telefonnummern sofort in Ihr Langzeitgedächtnis zu bekommen. Sie müssen Sie einfach gedächtnisgerecht machen. Genaueres dazu finden Sie nachfolgend im entsprechenden Kapitel.

Selbstverständlich gilt das zuvor Gesagte nur für Zahlen oder Buchstabenreihen; sobald die Information etwas gedächtnisgerechter ist, siehe das Kapitel über die Sprache unseres Gedächtnisses (S. 11), wird leichter behalten.

Die Arbeit mit dem Karteikasten, siehe das Kapitel über Fremdsprachen (S. 32 ff), ist die beste Möglichkeit zu erkennen, welche Wiederholungsabstände speziell Ihr Gedächtnis benötigt. Danach sollten Sie sich dann richten, auch wenn Sie ohne Karteikarten arbeiten.

Damit Ihr Wissen über die sogenannten »Gedächtnisse« vervollständigt wird, hier noch weitere:

Alte Leute können sich oft sehr gut an lang Zurückliegendes erinnern, während es mit den aktuelleren Dingen nicht so gut klappt. Man vermutet hier eine Abteilung im Langzeitgedächtnis, das sogenannte *Ultralangzeitgedächtnis* oder kristalline Gedächtnis. Dieses Gedächtnis scheint das *fluidale Gedächtnis* zu behindern. Das fluidale Gedächtnis ist der Teil des Langzeitgedächtnisses, der aktuelle und für den Alltag wichtige Dinge speichert.

Es gibt auch noch die Behauptung, bestimmte Denkfunktionen seien ausschließlich an die rechte oder linke Hirnhälfte, beziehungsweise an Stammhirn, Zwischenhirn und Großhirn gebunden (sog. Struktogramm).

Die neuere Hirnforschung beweist, daß es sich hier um reine Phantasiegebilde der jeweiligen Autoren gehandelt hat.

Bezüglich des seitenspezifischen Denkens gilt in Wissenschaftskreisen immer noch die Arbeit von Rassmussen/Milner als aktuell (S. 63). Nach ausführlichen Testreihen kamen beide zu dem Ergebnis:

Die Bezeichnung rechts- oder linkshirniges Denken suggeriert eine Festlegung von Verhaltens- und Denkstilen auf bestimmte Hirnabschnitte. Bei jedem Denkvorgang kommt es jedoch zu gleich intensiven Aktivitäten in beiden Hirnbereichen, so daß wir davon ausgehen müssen, alle Hirnaktivitäten sind auf beide Seiten gleich verteilt.

Holler schreibt 1989 ein Hemisphärenmodell oder eine Zuordnung im Sinne des Hirn-Dominanzmodells. Dies ist nicht nur überholt, sondern behindert auch das Verständnis komplexer Hirnfunktionen.

Bei Segal lesen wir schließlich, jede Lokalisierung von Mentalfunktionen in bestimmten Gehirnbereichen sei, allein aus logischen Überlegungen heraus, völlig unsinnig.

Dieser kurze Ausflug in die Märchenwelt der verschiedenen Gedächtnisse sollte lediglich dazu beitragen, daß der Leser eventuell vorhandenen alten Ballast ablegt und sich der Praxis öffnet.

Ermitteln Sie Ihren Gedächtnistyp

Lernen besteht aus der Aufnahme von Informationen und ihrer Verarbeitung durch unser Gedächtnis. So individuell und verschieden wie wir Menschen sind, so verschieden ist auch unsere Art der Informationsaufnahme.

Beobachten Sie Ihr Gedächtnis beim Arbeiten!

Diese Feststellung sollte Sie dazu verleiten, Ihr Gedächtnis beim Arbeiten zu beobachten.

Unser Gedächtnis ist dafür eingerichtet alle Begleitumstände mit zu speichern.

Wir alle sind auch im Hinblick auf unser Gedächtnis Mischtypen. Aber es überwiegt immer ein Typ (manchmal mehrere Typen). Sich dies bewußt zu machen, hilft entscheidend bei der Gestaltung der eigenen Lernpraxis und bei der Auswahl von Lernangeboten an Schulen, in Kursen und ähnlichen Veranstaltungen.

Je nach Lerntyp sollte man die entsprechenden Lerntechniken wählen

Der motorische Typ prägt sich alles leichter ein, was in Verbindung mit Bewegung, Rhythmus und Schwankungen auftritt. Alles was er (be)greifen und verändern kann, merkt er sich besser. Deshalb hat er auch eine ausgeprägte Beziehung zu allem, was sich bewegt und was man anfassen kann. Seine Stärken liegen im Werk- und Sportunterricht.

Die meisten Menschen sind Lern- Mischtypen.

Lernkästen mit praktischen Übungen und Rollenspiele sind die geeignete Lernform für ihn. Er lernt auch leichter in Gruppen. Gegebenenfalls sollten die Eltern Partner im Rollenspiel sein.

Der akustische Typ merkt sich am besten, was er gehört hat. Zum Beispiel bei einer Diskussion, einer Vorlesung oder einem Vortrag. Er lernt besser, wenn er sich den Stoff laut vorlesen kann, auf eine Kassette spricht oder vorgelesen bekommt. Unser heutiges Lernsystem in Schule und Beruf ist genau das, was er braucht. Leider sind nur die wenigsten von uns rein akustische Lerntypen.

Der visuelle Typ läßt sich in Bildtyp und Lesetyp unterscheiden. Der Bildtyp muß alles gesehen haben, um sich später daran zu erinnern. Vokabeln muß er sich mehrmals anschauen oder möglichst aufschreiben. Graphische Darstellungen, Skizzen und Tabellen sind entscheidende Lernhilfen für ihn. Bildhafte Vorstellungen, also Imagination und Visualisation, fallen ihm am leichtesten.

Der Lesetyp kann sich gelesenen Stoff besonders gut merken. Für ihn ist es wichtig, sich ausreichend mit schriftlichen Unterlagen zum jeweiligen Lerngebiet zu versorgen und in regelmäßigen Abständen wiederholend zu lesen.

Variierte Sprechgeschwindigkeit und Tonfall sowie Tonhöhe erleichtern ihm das Merken und Erinnern.

Dies sind die drei Hauptformen, die natürlich durch weitere Wahrnehmungsgewohnheiten ergänzt werden.

Der Geruchs- bzw. Geschmackstyp erinnert sich leicht an Dinge, die mit Gerüchen und Geschmack in Verbindung standen.

Der sensorische Typ erinnert sich gut an Zusammenhänge mit Temperatur- oder Berührungsempfindungen. Rauher Wind im Gesicht oder ein weicher Pulli auf der Haut sind z. B. Empfindungen, über die er sich leichter an etwas erinnern kann.

Darüberhinaus gibt es auch noch den **Gefühlstyp**, der sich an die Atmosphäre oder sein eigenes Wohl- oder Unwohlfühlen deutlich erinnert.

Die meisten von uns sind Mischtypen, und wir entwickeln uns zu einem entsprechenden Lerntyp, wenn Beruf oder Hobby unsere Konzentration laufend und anhaltend auf einzelne der oben genannten Aspekte lenken.

Lernen Sie die Sprache Ihres Gedächnisses

Wer in möglichst kurzer Zeit Informationen speichern und sich später exakt daran erinnern will, der kommt nicht umhin, die individuelle Sprache seines Gedächtnisses zu erlernen und einzusetzen.

Körperlich gesehen, sind wir noch Steinzeitmenschen.

Ebenso wie unser Körper immer noch am besten mit der Wurzel- und Frucht-Vollwertkost unserer Urvorfahren zurechtkommt, arbeitet auch unser Gedächtnis wie zu den Zeiten, als Schriftzeichen und Zahlen noch unbekannt waren.

Die Natur vermittelte ausschließlich komplexe Eindrücke. Alles wurde gleichzeitig gesehen, gehört, gerochen, geschmeckt, gefühlt und erspürt.

Lustbetonte und unbehagliche, gefährliche und für gefährlich gehaltene Erlebnisse prägten sich sofort auf unvergeßliche Weise ein.

Immer waren alle Sinne in Bereitschaft, um Gefahren abzuwenden oder sich noch mehr Wohlbehagen zu verschaffen.

Solange es um das ganzheitliche Lernen durch Ausprobieren geht, funktioniert unser Gedächtnis auch heute noch phantastisch.

(Fortsetzung nach der Tabelle auf Seite 14)

Testaufgabe zu Tabelle S. 12/13

Lesen Sie bitte die Fragen der folgenden Tabelle genau durch. Nur wenn Sie mit JA antworten können, kreuzen Sie den Kreis der jeweiligen Zeile an.
Wenn Sie zum Schluß die Kreuze in den Spalten zusammenzählen, erkennen Sie, welcher Lerntyp bei Ihnen überwiegt (6 bis 7 Kreuze) und welche ergänzenden Typen mitberücksichtigt werden können (4 bis 5 Kreuze).

Spalte M
steht für den motorischen Lerntyp
Spalte A
steht für den akustischen Lerntyp
Spalte VL
steht für den visuellen Lesetyp
Spalte VB
steht für den visuellen Bildtyp

Lernen Sie die individuelle Sprache Ihres Gedächtnisses!

Lerntypbestimmung

Nur wenn sie die jeweilige Frage bejahen können, kreuzen Sie den Kreis ○ in der jeweiligen Spalte an

	M	A	VL	VB
Erkennen Sie die Stimmen bekannter Personen, wenn Sie sie nicht sehen? Zum Beispiel im Radio oder am Telefon?		○		
Sind Sie sportlich aktiv?	○			
Basteln Sie gern?	○			
Hilft es Ihnen, sich Vorstellungen durch Skizzen und graphische Darstellungen zu verdeutlichen?				○
Können Sie, ohne sie jetzt zu sehen, das Aussehen der nächsten Kirchturmspitze beschreiben oder zeichnen?				○
Lernen Sie die Bedienung eines Gerätes bevorzugt durch Ausprobieren?	○			
Stellen Sie sich, wenn Sie ein Musikstück oder Gedicht auswendig vortragen, das dazugehörige Noten- oder Schriftbild vor?				○
Verlassen Sie sich ausschließlich auf die Betriebsanleitung eines Gerätes, statt gleich loszuprobieren?			○	
Behalten Sie von einem Zeitungskommentar mehr, als von einem Rundfunkkommentar zum gleichen Thema?			○	
Können Sie einem Vortrag leichter folgen, wenn Sie die Skripten dazu mitlesen können?			○	
Können Sie sich noch an den Wetterbericht im Morgenradio erinnern?		○		
Lernen Sie leichter, wenn Abbildungen, Skizzen und Tabellen das gesprochene oder geschriebene Wort unterstützen?				○
Lernen Sie am liebsten aus Fachbüchern und mitgeschriebenen Notizen?			○	
Können Sie abstrakte Lernvorgaben in lustige Karikaturen umarbeiten, um sie so leichter zu lernen und zu behalten?				○

	M	A	VL	VB
Träumen Sie oft vor sich hin, und bauen sich die schönsten Luftschlösser?				○
Müssen Sie sich Familiennamen aufschreiben, um sie besser zu behalten?	○			
Sind Sie der Meinung, ein reaktionssicherer Autofahrer zu sein?	○			
Haben Sie Freude an themenerweiternder Unterhaltungslektüre? Zum Beispiel Asterix-Heften oder Hühnermann-Büchern bei Geschichtsthemen?			○	
Haben Sie Freude am Erzählen und Vortragen?		○		
Erleben Sie beim Lesen eines Buches den Inhalt wie eine lebendige, filmähnliche Geschichte, in der Sie selbst drinstecken und mitfühlen?				○
Steigert sich Ihr Musikgenuß durch das Mitlesen der Partitur? Erhöht das Programmheft den Genuß Ihres Theaterbesuchs?			○	
Können Sie Melodien leicht wiedererkennen?		○		
Reparieren Sie im Haushalt vieles selbst?	○			
Können Sie gut Geräusche unterscheiden?		○		
Können Sie sich Gedichte und Zitate gut merken?			○	
Haben Sie Interesse an der Architektur unterschiedlicher Bauwerke?				○
Schreiben Sie gern (Reiseberichte, Tagebuch, Briefe)?	○			
Lernen Sie Fremdwörter leichter durch Hören als durch Lesen?		○		
Können Sie sich durch lautes Lesen einen Vortrag, den Sie halten wollen, besser einprägen?		○		
Haben Sie Freude an Dias oder Fotos?				○
Summe:				

Abstraktes wird nur gespeichert, wenn man es regelmäßig wiederholt.

Erst mit dem Eintritt ins Schulalter, wenn es darum geht, abstrakte Dinge aus den verschiedensten Fächern und Bereichen zu lernen, tauchen Probleme auf, da unser Gedächtnis ursprünglich nicht auf Kulturtechniken angelegt ist.

Wie bei unterschiedlichen Computerprogrammen müssen wir die für unser Gedächtnis ungeeigneten Zahlen und Buchstaben erst in die Gedächtnissprache konvertieren, was hier soviel bedeutet wie gedächtnisgerecht machen.

Im ersten Schritt gilt es herauszufinden, wie unser eigenes Gedächtnis mit abstrakten Lerninhalten zurechtkommt. Dabei hilft uns die *Lerntyptabelle*.

Sobald wir eine Information direkt in die Sprache unseres »Steinzeitgedächtnisses« übersetzen können, also für uns bildhaft gestalten oder mit Klängen und Gerüchen verbinden, ist der direkte Weg in den sogenannten Langzeitspeicher gebahnt.

Schmerz-Auslösendes, Angst-Erregendes (dazu gehört auch alles Ungewöhnliche), andererseits Lust-Erzeugendes (dazu gehören Lachen, Witz und Reime) scheren sich nicht um Ultrakurzzeit- und Kurzzeitgedächtnis. Sie marschieren direkt in die Unvergeßlichkeit. Sie sind in der Sprache unseres Steinzeitgedächtnisses gesprochen, also einfach gedächtnisgerecht.

Abstraktes wird nur gespeichert, wenn es regelmäßig wiederholt und auch praktiziert wird. Siehe dazu auch den Abschnitt Lernkartei im Kapitel Fremdwörter und Fremdsprachen (S. 32 ff).

Das für den effektiven Umgang mit unserem Gedächtnis wichtige Wissen basiert auch heute noch allein auf der praktischen Erfahrung von Lehrern und Psychologen, die mit großem Engagement Hilfestellungen für den Lernwilligen erarbeitet haben.

Wollen wir beurteilen, wie groß die Wahrscheinlichkeit ist, daß sich eine Information dauerhaft in unserem Gedächtnis verankert, so können wir das mit beinahe mathematischer Genauigkeit berechnen.

Bitte setzen Sie hinter jede mit JA zu beantwortende Frage (der Tabelle auf Seite 15) vorerst eine 1, multiplizieren Sie das addierte Ergebnis mit der Informationswiederholung.

Je höher die Endsumme, um so größer die Wahrscheinlichkeit, daß Sie sich später daran erinnern können.

Entsprechend Ihrem Lerntyp sind Ihre Aufmerksamkeit und Merkfähigkeit verstärkt auf Eindrücke aus dem Bereich des Sehens, des Hörens oder des Bewegens ausgerichtet. Nachdem Sie sich darüber, anhand des Kapitels über die Lerntypen, klar geworden sind, können Sie in den entsprechenden Bereichen eine 2 statt einer 1 setzen. So wird Ihr Ergebnis noch genauer.

Hauptaufgabe dieser extrem vereinfachenden Tabelle ist, sich bewußt zu machen, welche Möglichkeiten einem zur Verfügung stehen, um eine Information optimal zu dauerhaftem Merken aufzubereiten. Wir sagen dazu gedächtnisgerecht machen.

Das einzig bewährte Prinzip bei der Arbeit mit unserem Gedächtnis lautet demzufolge :

Möglichst auf allen Sinnesebenen wahrnehmen, durch Umdenken auffälliger gestalten, wiederholt mit der Information beschäftigen, möglichst mit allen Sinnen.

Durch konzentrative Entspannung, wie Autogenes Training, störende Nebeninformationen ausblenden.

Genauso wie unser Steinzeitvorfahr sich auch eingebildete Gefahren automatisch sicher merkte, so gilt heute noch für uns:

Gedanken und Gefühle drängen sich immer wieder auf, sie werden zu Ohrwürmern. Sie wollen immer wieder neu gedacht und gefühlt werden und verhindern so konzentriertes und effektives Arbeiten und Lernen. Das zwanghafte Denken an unerledigte Arbeiten, Ärger oder Wut auf sich selbst und andere lenken vom Lernziel ab.

Berechnung der Einprägsamkeit eines Erlebnisses oder einer Information

Habe ich etwas dabei gesehen?	
Hat es sich bewegt?	
War es deutlich?	
War es ungewöhnlich?	
Habe ich etwas dabei gehört?	
War es deutlich?	
War es ungewöhnlich?	
Hatte es einen Rhythmus?	
Habe ich etwas dabei gerochen?	
War es deutlich?	
War es ungewöhnlich?	
Habe ich etwas geschmeckt?	
War es deutlich?	
War es ungewöhnlich?	
Habe ich etwas gefühlt?	
Angenehm oder schmerzhaft?	
War es deutlich?	
War es ungewöhnlich?	
Veränderte sich mein Gefühl?	
Angenehm oder Angst auslösend?	
War es lustig?	
Erinnerte es mich an Ähnliches?	
… an Gegenteiliges?	
Habe ich diese Situation mehrmals erlebt?	
Multiplizieren mit der Erlebnishäufigkeit!	
Summe:	

Deshalb müssen wir lernen, zu jeder Zeit das denken zu können, was wir denken wollen, und vermeiden, daß unsere Gedanken und Gefühle mit uns verrückt spielen und dadurch jegliches Lernen erschweren.

In diesem Zusammenhang möchte ich noch auf unsere Erfahrung mit dem sogenannten *Superlearning* hinweisen:

Kein »Superlearning« ohne Entspannung!

Wir empfehlen grundsätzlich, in Entspannung zu lernen. In der Entspannung, die im Laufe der Übungszeit ganz von allein das Stadium der Selbsthypnose erreicht, kommt es zu einer zunehmenden Ausschaltung störender äußerer Einflüsse und ablenkender Gedanken. Dies ist das wirklich effektive an den Lernriten des sogenannten »Superlearning«.

Die behaupteten Superleistungen von bis zu tausend gelernten Vokabeln haben sich nicht beweisen lassen. Das Atmen in einem bestimmten Rhythmus, ebenso die Musikbegleitung wirken nachweislich nicht begünstigend. Besonders dann, wenn man sich auf eine unter unangenehmen äußeren Umständen ablaufende Prüfung vorbereitet (bedingter Reflex erschwert Erinnerung unter geänderten Ausgangssituationen).

Hier kann man viel Zeit für Äußerlichkeiten vertun, die besser für gedächtnisgerechte Umsetzung des Lerninhaltes verwendet werden sollte.

Entscheidend für unseren Erinnerungserfolg, sowohl für das Merken als auch für das Erinnern, sind die Anzahl der Wahrnehmungsebenen, die Deutlichkeit und Ungewöhnlichkeit der Wahrnehmungen, die gedankliche Verbindung mit etwas Ähnlichem oder Gegenteiligem, das Auslösen eines extrem angenehmen oder unangenehmen Gesamtgefühls.

Alter ist kein Lernhindernis

Die individuelle Leistungsfähigkeit des Gedächtnisses wird von den Lebensumständen, den Anforderungen im Beruf und vom Gesundheitszustand in entscheidender Weise beeinflußt. Das Alter spielt dabei nachweislich eine nebensächliche Rolle.

Für uns ist es viel wichtiger zu wissen, daß 30 Prozent der Testteilnehmer, die sowohl durch berufliche Anforderungen als auch durch eigenes geistiges Interesse Ihr Gedächtnis täglich trainierten, Ergebnisse erzielten, die über den Durchschnittsleistungen einer Vergleichsgruppe mit Zwanzigjährigen lag. Selbst eine nicht optimale gesundheitliche Verfassung hatte keinen ungünstigen Einfluß auf die Gedächtnisleistung.

Die sprachliche Ausdrucksfähigkeit, der Wortschatz und das Allgemeinwissen nehmen ständig zu. Dieser Prozeß wird nicht durch das Alter, sondern allein durch mangelndes Interesse gebremst.

Wird die zunehmende Erfahrung nicht durch eine geistige Unflexibilität (»Das machen wir schon immer so«, »Da bin ich schon zu alt dafür«) gebremst, so hat der ältere Mensch einen Erfahrungsvorsprung, der ihn in jedem Lebensalter zu einem wertvollen Mitarbeiter macht.

Je älter unser Gehirn wird, desto mehr ist es durch die alltäglichen Anforderungen darauf trainiert, in Sinnzusammenhängen zu denken. Werden Techniken, wie das Brainstorming und Intuitives Erleben nicht regelmäßig geübt, so ist der Jüngere dem Älteren überlegen, wenn es darum geht, sich Dinge zu merken, die in keinem Sinnzusammenhang stehen (siehe Kapitel Mind-Maps und Brainstorming, S. 43 ff).

Bei reduzierter körperlicher Leistungsfähigkeit, die sich jedoch in den meisten Fällen durch regelmäßiges Training der wichtigsten Körperfunktionen verhindern läßt, kommt es mit zunehmendem Alter zu einer Verlangsamung der Gedächtnisleistung, die meist durch mehr Genauigkeit ausgeglichen wird.

Wenn Erfahrung und Wissen ohne Zeitdruck gefordert sind, ist die Leistungsfähigkeit des älteren Menschen durchaus mit der des jüngeren vergleichbar.

Merkfähigkeit und Denkgeschwindigkeit nehmen ab, wenn man sich geistig in den »Ruhestand« begibt.

Wenn Sie Ihr Gedächtnis nicht mit »in Pension gehen« lassen, es weiterhin täglich gezielt für Hobbys und Interessen nutzen, dann können Sie Ihren Wissens- und Erfahrungsvorsprung gegenüber Jüngeren aufrechterhalten.

Wer Lernen gelernt hat, hat auch im Alter Freude am Lernen!

Streß, das Hauptlernhindernis

Streß laß nach! Dieser Hilferuf ist immer häufiger zu hören, er sollte als Warnsignal verstanden werden. Je größer der Streß, desto häufiger treten neben körperlichen Beschwerden und Krankheiten auch Verluste in der Gedächtnisleistung auf, die oft zu privaten und beruflichen Schwierigkeiten führen.

Streß ist der Feind jeglichen Lernens und anhaltenden Merkens.

Streß ist der Feind jeglichen Lernens und anhaltenden Merkens. Sicher wissen Sie, daß die Psychologie zwischen sogenanntem Eustreß, einem Streß der uns anregt und motiviert, und Disstreß, dem Feind unseres Körpers und unseres Gedächtnisses, unterscheidet.

Wenn ich im weiteren der Einfachheit halber von Streß rede, dann meine ich diesen Disstreß.

Lernunterstützung durch Entspannung

Selbst die schönsten Entspannungsübungen können ihre gute Wirkung nur dann entfalten, wenn die notwendigen Vorbedingungen geschaffen sind.

Ansonsten hält die Wirkung nur kurz an oder wird ungenügend erreicht.

Probieren Sie die Möglichkeiten aus, wo und wie Sie sich am besten entspannen können!

Die Grundbedingungen für Entspannung

1. Vertrauen Sie in ein Schicksal, das Sie durch Fordern fördert, Sie aber nie überfordern wird.

2. Bewahren Sie sich die Fähigkeit, sich freuen und lachen zu können. Diese Fähigkeit verliert sich schnell, wenn sie nicht ständig geübt wird. Lachen löst Verspannungen, kräftigt die Muskeln und gibt eine heitere Gestimmtheit.

3. Ändern Sie Ihre Grundeinstellung. Probleme sind Trainingspartner und nicht unsere Feinde. Wir lernen und wachsen durch die Problembewältigung. Sich Sorgen zu machen, führt nicht weiter. Probleme werden durch Analysieren, Überlegen und das daraus entstehende Handeln gelöst. Sorgen blockieren das logische Denken, schüren die Angst, vertreiben den Schlaf und zerstören die körperliche und geistige Gesundheit.

4. Vermeiden Sie Neid und Habgier. Menschen, die damit belastet sind, kommen nicht zur Ruhe und verlieren alle Freude an dem, was sie haben und können, und sie manövrieren sich unweigerlich in einen andauernden Erschöpfungszustand.

5. Langeweile ist eine große Gefahr für den Menschen. Der Gelangweilte ist unzufrieden, weiß nichts mit sich anzufangen. Statt sich mit schönen Dingen zu beschäftigen, sucht er Entspannung bei dröhnender, hektischer Musik und aufreizenden Horror-, Kriminal- und Aktionsfilmen, er verwechselt Entspannung mit Erschöpfung und zerstört langsam seine Nerven. Ständig wachsen seine Ängste und damit auch eine latente Gewaltbereitschaft.

6. Organisieren Sie Ihr Umfeld! Dazu lesen Sie bitte die Abschnitte: »Der persönliche Stundenplan« (S. 19) und »So finden Sie Zeit zum Lernen« (S. 27).

Probieren Sie die Möglichkeiten aus, um herauszufinden, wo und wie Sie sich am besten entspannen können.

Lassen Sie es nicht so weit kommen, daß Sie sich nur noch im Kreis drehen und Ihnen die Arbeit trotzdem über den Kopf wächst, weil sie alles mögliche vergessen, Dinge verlegen, notwendige Materialien nicht rechtzeitig besorgt haben etc.

Drei wichtige Helfer können den Arbeitsberg auf ein erträgliches Maß reduzieren:

- der Langzeitplaner (1 Jahr bis 95 Jahre),
- der Kurzzeitplaner (1 Tag bis 1 Jahr),
- das Abgeben von Arbeiten.

Im Langzeitplaner sind wichtige Daten sowie langfristige Ziele enthalten (Firmenübernahme, Goldene Hochzeit).

Im Kurzzeitplaner ist alles drin, was täglich, wöchentlich oder monatlich auf einen zukommt.

Achtung!

Halten Sie sich bei der Erstellung des Tages- und Wochenplans einen Freiraum offen für gute oder böse Überraschungen, bei denen sie sofort reagieren müssen (wie unerwarteter Besuch, Todesfall).

Der persönliche Stundenplan – Basis des Erfolgs

Ohne genaue Zeitplanung funktioniert es nicht einmal im Urlaub, wenn wir wirklich etwas erleben wollen. Noch wichtiger ist sie im Alltag, wenn es darum geht, alle anstehenden Arbeiten und Aufgaben zu bewältigen.

Nur anhand eines exakten Zeitplans können wir erkennen, ob wir wirklich keine Freiräume mehr haben, also an der Grenze unserer Belastbarkeit angelangt sind, oder ob noch Zeit für eine neue Aufgabe bleibt.

Nur anhand eines exakten Zeitplans können Sie erkennen, ob Sie Freiräume haben.

Gehen Sie bitte wie folgt vor:

- Beruf (B), Weg und Wartezeiten (W)
- Haushalt (H), Essen, Erholen (E),
- Verpflichtungen, Vereine (V),
- Fortbildung, Lernen (F),
- Hobbys (H), Schlaf (S)
- Gedächtnistraining und Entspannung(G),
- Sonstiges (R).

1. Tragen Sie regelmäßig wiederkehrende Zeiträume (B, H, E, V, S und R) ein. Wenn Sie bei W nicht selbst fahren oder anderweitig konzentriert sein müssen, können Sie mit vorbereiteten Karteikarten und Walkman diese Zeit gut für F und G nutzen.

Jetzt können Sie erkennen, wo sich noch reduzieren läßt, um für V, F oder H zusätzlich Zeit zu gewinnen.

Kurzpausen müssen nicht eingezeichnet werden, sollten aber eingeplant sein. Zeiten, die weder berufsmäßig noch durch Vereinszugehörigkeit festgelegt sind, sollten flexibel gehandhabt werden, um Unvorhergesehenes ohne Streß auffangen zu können.

Der Stundenplan wird beim ersten Mal über einen kürzeren Erprobungszeitraum erstellt und auf seine Brauchbarkeit getestet.

Im entspannten Zustand steigert sich die Merkfähigkeit um bis zu vierzig Prozent.

Um nicht immer neue Stundenpläne zeichnen zu müssen, kopiert man einen, auf dem nur die feststehenden Zeiten eingetragen sind, mehrmals. Jetzt kann man, vorerst mit Bleistift, die Restzeiten so aufteilen, daß jedem unserer Wünsche und Ziele Rechnung getragen wird. Nun liegt es allein an einem selbst, die notwendige Konsequenz für ein erfüllteres Leben aufzubringen. Besonderes Geschick ist gefordert, wenn in einer Partnerschaft oder Familie mehrere Zeitpläne aufeinander abgestimmt werden müssen.

In Ausbildungszeiten wird der persönliche Stundenplan zum Langzeitplaner. Man erstellt wöchentlich oder monatlich individuelle Zeitpläne, in die man bis zum Prüfungszeitpunkt die erforderlichen Lerneinheiten konsequent aufteilt.

Zusammengefaßt wird das Ganze dann durch einen oder mehrere Jahreskalender.

Entspannungsübungen und Selbsthypnose

Im entspannten Zustand steigert sich die Merk- und Erinnerungsfähigkeit um bis zu vierzig Prozent.

Unser Ziel ist es deshalb, Ihnen hier die Grundstufe des Autogenen Trainings zu vermitteln.

Wird es einmal beherrscht, so gibt es keine andere Entspannungstechnik, die in kürzerer Zeit Körper und Gedächtnis besser auf das Lernen und Erinnern ausrichtet.

Wählen Sie sich aus der auf Seite 22 ff folgenden Auflistung eine der Einleitungsübungen aus. Tritt dann während der Ausführung der Übung, zumindest andeutungsweise, das der Suggestion entsprechende Körpergefühl ein, dann sollten Sie die entsprechenden Suggestionen denken.

Sie haben nun einen sogenannten **Suggestionsanker** angebahnt. Dieser wird sich mit jedem erfolgreichen Üben verstärken. Bereits nach zehn- bis fünfzehnmaligem Üben werden Sie feststellen, daß allein das Denken der Suggestion die entsprechenden Entspannungsreaktionen in Ihrem Körper auslöst. Sie brauchen jetzt nur noch einige Sekunden dazu. Die zeitaufwendigen körperlichen Vorübungen können Sie nun vergessen.

Unterstützend zu dem Suggestionsanker empfiehlt es sich, noch einen **Körperanker** zu setzen.

Wählen Sie sich eine Körperstelle aus, die Sie bequem erreichen können. Zum Beispiel einen Finger an der linken Hand (Linkshänder umgekehrt).

Wenn Sie die zur Zeit tiefstmögliche Entspannung erreicht haben, massieren sie bitte diesen Finger ca. 5 Sekunden.

So baut sich zunehmend, neben der Suggestion, ein zweiter bedingter Reflex auf. Massieren Sie diesen Finger, dann bahnt sich, genauso wie bei der Suggestion, bereits das erstrebte Entspannungsgefühl an.

Am Anfang steht die Entspannung

Beginnen Sie in Zukunft jede Lerneinheit mit einer Entspannungsübung bzw., soweit Sie sie bereits beherrschen, mit Ihrem Entspannungsanker und den Suggestionen des Autogenen Trainings.

Geben Sie sich die Suggestion »Jede weitere Bewegung und jedes weitere Geräusch vertieft meinen Entspannungszustand auf die für ein geistiges Arbeiten optimale Ebene«.

Nun können Sie sich mit langsamen, bedächtigen Bewegungen an die Lernarbeit machen. Sie werden merken, daß Sie zunehmend Abstand von Lärm und Hektik um sich herum gewinnen und in einer Art hypnotischem Zustand optimal und konzentriert arbeiten können.

Besonders wenn der Lernstoff beginnt, Sie zu stressen, müssen Sie eine Entspannungsübung einschalten.

Behalten Sie es als Zeichen des anhaltenden Entspannungszustandes generell bei, sich während des Lernens extrem langsam zu bewegen.

Vorsicht beim Umgang mit Maschinen!

Durch diese Entspannungstechnik kommen Sie in einen Zustand tiefer Konzentration, der nicht dazu geeignet ist, auf eine Vielzahl äußerer Einflüsse richtig zu reagieren! Vorsicht beim Umgang mit Maschinen!

Ganz wichtig ist es, sich immer in gleicher Weise wieder aus dem Entspannungszustand zu lösen!

Kommando: Atem tief, Arme fest anspannen, Augen ruckartig aufreissen!

Erfahrungsgemäß benötigt man ca. sechs Wochen, bis man durch den Berührungsanker und die Abfolge der Suggestionen (Schwere, Wärme, Atemruhe, Sonnengeflecht strömt warm, Augen entspannt und Stirn angenehm kühl) jederzeit eine blitzartige und effektive Entspannung auslösen kann.

Das Autogene Training setzt an dan sechs Hauptäußerungsbereichen des Stresses an.

Die Suggestionen des Autogenen Trainings setzen an den sechs Hauptäußerungsbereichen des Stresses an. Sie können durch ergänzende Übungen eingeleitet und verstärkt werden:

I. Angespannte Muskeln, verkrampfte Blutgefäße (hoher Blutdruck) *besonders im Schulter-, Nacken- und Kreuzbereich. Verkrampfte, gebeugte oder überstreckte Körperhaltung.*

> **Suggestionen**
>
> Arme schwer, Hände warm, Schulter und Nacken wohlig entspannt, Kreuz und Beine schwer.

Wir können diese Empfindung durch folgende Übungen aufbauen:

1. Pendelbewegung: Leichtes Vorneigen bei der Ausatmung, Aufrichten bei der Einatmung. Wenn Sie die Übung im Stehen ausführen, stellen Sie sich dabei in den Türrahmen. Sollten Sie zu weit pendeln, fängt der Rahmen Sie auf. Wirkt sehr effektiv durch Einbeziehung des Gleichgewichtssinnes; möglichst mit geschlossenen Augen ausführen.

2. Jede verlangsamte Bewegung (Meditatives Gehen, Tai Chi, Kum Nye, Feldenkrais) führt zur Entspannung mit all ihren positiven Effekten.

3. Muskeldehnungen (Yoga, Stretching) wirken entspannend.

4. Maximale Muskelanspannung. Basisübung: Oberarme seitlich auf Schulterhöhe heben, Unterarme rechtwinklig nach oben anwinkeln, Handflächen schauen zueinander, Daumen zeigen nach hinten. Während die Daumen so weit wie möglich nach hinten außen geschoben werden, ziehen Sie gleichzeitig die Ellbogen sehr langsam herunter an den Körper. Anschließend schieben Sie die Arme, unter gleicher Anspannung, so weit wie möglich nach oben. So finden Sie den Punkt maximaler Muskelverspannung. Hier den Arm unter Rückspannung halten, bis die Erschöpfung der Muskulatur es nicht mehr zuläßt. Lockerlassen und die Erschöpfungsentspannung als Schwere erleben.

5. Beobachten Sie das Schwererwerden Ihres Körpers beim Ausatmen, für die keine Muskelanspannung nötig ist. Nur das Einatmen ist aktive Muskelarbeit.

Sobald sich das Schweregefühl andeutungsweise zeigt, kann die Suggestion, »Arme schwer etc.« eingesetzt werden. Haben Sie sich für eine bestimmte Suggestionsformel entschieden, sollten Sie diese nicht mehr wechseln (Gewohnheitsverstärkung).

Das Wärmegefühl stellt sich erfahrungsgemäß nach einiger Zeit durch die Weitung der Blutgefäße von selbst ein. Es zu suggerieren, ist für die meisten Übenden anfänglich wenig effektiv.

6. Deutet sich das Wärmegefühl an, so kann die bildhafte Vorstellung (Visualisation / Imagination) der Sonne, die auf den Körper scheint, die Suggestion »Meine Arme sind angenehm warm«, später nur »Arme warm«, unterstützen.

II. Oberflächliche, beschleunigte und zeitweise angehaltene Atmung

> **Suggestion**
>
> Mein Atem fließt ruhig, tief und gleichmäßig.

Wir können diese Empfindung durch folgende Übungen aufbauen (bereits das Beobachten des Atems wirkt atemberuhigend und atemvertiefend):

7. Spüren Sie der Atemluft auf ihrem Weg von der Nase über das Gaumendach, den Rachenraum, den Kehlkopf und die Bronchien nach, bis Ihr Brustkorb sich hebt. Bleiben Sie mit Ihrem Bewußtsein an jener Stelle, an der Sie den Atemstrom am deutlichsten spüren. Denken Sie gleichzeitig RUUUHE beim langsamen Ein- und Ausatmen.

8. Vokalatmung, also langsame Ausatmung auf A, E, I, O oder U, entspannt nicht nur den Atemtrakt.
Vokalbetonte Mantras wie »oooh maaaniii paaadmeee huuum«, oder »cooocaaacooolaaa« während der möglichst langgezogenen Ausatmung sprechen (ideale Anfängerübung).

9. Atemverlangsamung durch Zählen beim Atmen bis 6, 10, 15 usw. Gleiche Dauer bei der Ein- und Ausatmung.

10. Sich das geschriebene Wort RUHE in allen möglichen Variationen vorstellen. Das Wort mit der Einatmung deutlicher werden, mit der Ausatmung verschwimmen lassen.

Je mehr wir unser Gedächtnis gezielt beschäftigen, desto weniger streßerzeugenden Unsinn kann es denken!

Bereits drei Minuten ohne Streßgedanken bringen eine deutliche Entspannung für Ihren ganzen Körper.

Je mehr wir unser Gedächtnis gezielt beschäftigen, desto weniger streßerzeugenden Unsinn kann es denken!

III. Herzklopfen, Herzrasen, Herzrhythmusstörungen

> **Suggestion**
>
> Mein Herz schlägt ruhig und gleichmäßig.

Reagiert Ihr Herz nicht auf diese Suggestion oder wird es noch unruhiger, dann tun Sie bitte hier gar nichts, denn bereits die gleichmäßigere Atmung wird Ihr Herz beruhigen.

IV. Krampfgefühle im Magen-Darm-Bereich,

eventuell Durchfall oder Verstopfung.

> **Suggestion**
>
> Mein Sonnengeflecht strömt warm.

Wir können diese Empfindung durch folgende Übungen aufbauen:

Gleichmäßige Atmung beruhigt das Herz.

11. Hände bequem auf den Bauch legen, eventuell Ellbogen mit Kissen oder Decke abstützen. Die Atembewegung bewußt wahrnehmen. Die von den Händen ausgehende Wärmestrahlung bewußt spüren. Eventuell anfänglich Wärmflasche auf den Bauch (kein Heizkissen!). Nicht zur Entkrampfung bei unklaren Bauchbeschwerden einsetzen!

V. Starrer Blick, *bei großem Streß sieht man sogar das Weiße unter den Pupillen, weil die Augen durch die Augenmuskelspannung nach oben gedreht sind.*

> **Suggestionen**
>
> Augen wohlig entspannt, Stirn angenehm kühl.

Wir können diese Empfindung durch folgende Übungen aufbauen:

12. Augen in Blickrichtung zur Nasenwurzel oder mit den Augen querliegende Acht beschreiben.

13. Palmieren und Atmen mit den Augen. Am Tisch sitzend Ellbogen auf weiche Unterlage aufstützen. Handflächen aneinander warmreiben. Handflächen über die Augen legen und die von den Händen ausgehende Strahlungswärme spüren. Man stellt sich vor, daß die Augen sich beim Einatmen, wie die Lunge, mit Sauerstoff füllen, beim Ausatmen wieder leeren.

13a. Beobachten Sie in Ihrer Vorstellung die Brandung des Meeres, das langsame Kommen und Gehen des Wassers. Stellen Sie sich vor, Ihre Augen würden sich im Rhythmus der Brandung in die Augenhöhlen zurückziehen und vorschieben.

14. Visualisieren eines Pendels, das langsam im Atemrhythmus hin- und herschwingt. Entweder nach vorn oder seitlich.

14a. Nehmen Sie gegenüber einem Fenster Aufstellung. Schwingen Sie langsam wie ein Pendel hin und her. Die rechte und linke Ferse heben sich dabei abwechselnd. Beim Schwingen nach links richten Sie Ihren Blick auf den Fensterrahmen, beim Schwingen nach rechts auf die Landschaft vor dem Fenster. Ihr Körper bleibt bei dieser Übung relativ steif. Beim Schwingen scheinen sich die Gegenstände gegensinnig zu bewegen. Das Gleiche mit geschlossenen Augen. Dabei stellen Sie sich vor, was Sie zuvor gesehen haben. Die Entspannung erfaßt Körper, Seh- und Gleichgewichtszentrum. Die Spannung im Gehirn löst sich, der ganze Kopf wird »entspannter«.

VI. Angstvolle Gedanken, *also Streß, Konzentrationsschwäche.*

Um in Streßsituationen sofort und gezielt reagieren zu können, wird das Blut aus dem Kopf in die Muskulatur gezogen. Das logische Denkvermögen ist abgeschaltet, die für die Muskelaktionen Verteidigung oder Flucht zuständigen Hirnanteile laufen auf Hochtouren. Lernen oder Erinnern ist in dieser Situation erschwert bis unmöglich.

Prinzipielle Technik: Gedächtnis mit Gedanken und Vorstellungen ausfüllen, die keine Streßempfindungen auslösen, sich möglichst an wohlig entspannte Situationen erinnern.

Suggestion

Ich bin ganz ruhig und fühle mich unsagbar wohl.
Ich bin überall geborgen in der Liebe meines Schöpfers und meiner Freunde.

Nehmen Sie ab jetzt die Gestaltung Ihrer Gedanken selbst in die Hand!

16. Richten Sie Ihre Aufmerksamkeit mit folgender Technik auf Ihr Ziel aus: Stellen Sie sich vor, ca. 10 cm hinter und oberhalb Ihres Kopfes sei ein Satellit plaziert, der Ihr Gedächtnis über einen weiß-silbrigen Energiestrahl mit kosmischer Energie versorgt. Der Energiestrahl tritt an Ihrem Hinterkopf ein. Halten Sie diese Vorstellung in Ihrem Bewußtsein, wenn Sie Konzentration erfordernde Arbeiten ausführen wollen. Sie werden erleben, daß Sie danach bei allen Kopfarbeiten wesentlich entspannter, konzentrierter und aufmerksamer sind.

Schauen Sie Ihrem Gedächtnis beim Denken zu!

17. Schauen Sie Ihrem Gedächtnis beim Denken zu! Einfach wie ein Außenstehender beobachten, was Ihr Gedächtnis gerade tut. Gestalten Sie anschließend die Gedanken so um, daß Ihr Kopf ausgefüllt wird von realistischen Erfolgsmöglichkeiten und einer freudigen Zukunftserwartung.

18. Erleben Sie am Abend in der Entspannung bewußt den abgelaufenen Tag in seinen wichtigsten Szenen noch einmal nach, gestalten Sie dann die Dinge, die Ihnen nicht gefallen oder gefallen haben, ganz nach Ihren Vorstellungen einfach um. Am Morgen sollten Sie die positiven Vorsätze des Abends wieder aufgreifen und in ein bildhaftes positives Vorerleben des vor Ihnen liegenden Tages einbauen. Nur so ist Ihr Bewußtsein auf einen erfolgreichen Tag vorbereitet!

Denken Sie daran, daß Sie auch Ihre Gefühle verändern können!

19. Erinnern Sie sich an ein besonders schönes Erlebnis, möglichst mit allen Sinnen (Submodalitäten). Achtung, dieses Erlebnis muß in der Zukunft, zumindest in ähnlicher Form, wirklich wiederholbar sein, andernfalls könnten depressive Verlustgefühle auftauchen. (»Da werde ich nie wieder hinkommen« oder »Ihn werde ich wohl nie wieder sehen«).

20. Machen Sie sich bewußt: Was fühle ich? Wie fühle ich mich?
Natürlich können wir auch unsere Gefühle verändern. Stellen Sie sich vor, Sie treten vor einen inneren Spiegel, Sie schauen hinein, blicken Ihr Spiegelbild an. Ihr Spiegelbild lächelt Ihnen zu. Lächeln Sie zurück!
Lassen sie zu, daß dieses innere Lächeln sich ausbreitet in Ihrem ganzen Sein, bis es auch außen, also auch in Ihrem Gesicht, in Erscheinung tritt.
Stellen Sie sich einfach vor, jede Ihrer Körperzellen lächelt. Sie haben hundert Billionen Zellen, und jede arbeitet ausschließlich für Sie.
Lassen Sie jetzt jede Ihrer Körperzellen lächeln!
Horchen und spüren Sie mal in sich hinein, wieviel wohler Ihr Körper gleich gestimmt ist.
Mit diesem Lächeln auf den Lippen sollten Sie sich aus der Entspannung lösen und in die kommenden Stunden hineingehen.

Es genügt, wenn Sie anfänglich vor dem Einschlafen und nach dem Aufstehen fünf Minuten eine der Übungen 1 bis 20 ausführen. Später werden Sie noch weniger Zeit für die Kurzform des Autogenen Trainings benötigen, dafür aber in vielen Situationen während des Tages den Entspannungseffekt für effektives Arbeiten ausnutzen.

Das Gedächtnistraining

So finden Sie Zeit zum Lernen

Jeder Mensch lernt sein ganzes Leben lang, und zwar auf den verschiedensten Ebenen. Das Lernen durch Versuch und Irrtum kommt vor dem Lernen durch Nachahmung, und viel später wird durch Überlegen und Kombinieren gelernt.

Ein Leben lang sind wir unsere eigenen Lehrer und gleichzeitig unsere eigenen Schüler.

Haben wir Probleme mit dem Lernen, müssen wir uns ganz ehrlich folgende Fragen beantworten:

- Ist das angestrebte Ziel für mich selbst wichtig und, wenn ja, warum ist es mir wichtig?
- Brauche ich das angepeilte Ziel unbedingt für meinen Beruf?
- Beim Fernstudium fragen wir uns, ob der Lernstoff durchschaubar ist; oder graust es uns schon, die Lehrbriefe überhaupt in die Hand zu nehmen?
- Auf wieviele Hobbys bin ich bereit zu verzichten, wenigstens bis zum Abschluß der Ausbildung?
- Habe ich eine tiefe Abneigung gegen das Lernen oder gegen alles, was mit diesem Lern(zwang) zu tun hat?
- Flüchte ich mich in die Zeitnot, oder bin ich überaktiv? Bin ich hin- und hergerissen zwischen meiner Sehnsucht nach Anerkennung durch andere und meiner zerstörerischen Selbstkritik.
- Lobe ich mich nicht für Geleistetes, und gönne ich mir keine Belohnungen in Form von angenehmen Tätigkeiten und Erlebnissen?

Müssen Sie diese Fragen mit JA beantworten, dann sind Sie innerlich nicht frei genug, um sinnvoll lernen zu können. In diesem Fall ist es notwendig, die Einstellung zu sich selbst und dem Lernstoff zu ändern und eventuell das Lernziel neu zu überdenken.

Oft hilft es schon, wenn man sein Ziel in leichter erreichbare Teilziele gliedert, um gefühlsmäßig nicht mehr vor einer so unüberwindbaren Barriere zu stehen.

Können Sie die Fragen mit NEIN beantworten und kommen Sie trotzdem nicht zum Lernen, dann ist es notwendig, die Ratschläge in den Abschnitten »Streß,

Ein Leben lang sind wir unsere eigenen Lehrer und gleichzeitig unsere eigenen Schüler.

das Hauptlernhindernis« (S. 17) und »Der persönliche Stundenplan – Basis des Erfolgs« (S. 19) mit einzubeziehen.

Effektiv lesen

Es gibt heute viele moderne Lernhilfen wie Filme, Folien, Lernspiele, vorgefertigte Arbeitsblätter, kopierte Skripten und ähnliches. Trotz allem ist das Lesen als Informationshilfe unverzichtbar geblieben.

Das Lesen als Informationshilfe ist unverzichtbar.

Wenn es nicht um ein Buch zur Unterhaltung und zum Zeitvertreib geht, sondern um Fach- oder Sachbücher, dann stehen konkrete Fragen an die Literatur im Vordergrund.

Fragen und Vorgehensweise

1. Suche ich ein Einführungsbuch, das mir Grundwissen vermittelt oder noch nicht gesichertes Grundwissen besser verständlich macht?

2. Suche ich etwas zur fachlichen Vertiefung und Erweiterung eines Wissensgebietes? Entsprechend lasse ich mich vom Buchhändler oder Bibliothekar beraten.

3. Liegen mehrere Bücher zu meinem Thema vor, vergleiche ich die Inhaltsverzeichnisse.

4. Habe ich das Buch mit dem ausführlichsten Inhaltsverzeichnis ausgewählt, schlage ich ein Kapitel auf, von dem ich sicher bin, daß ich mich in der Materie auskenne und kontrolliere auf Vollständigkeit, Genauigkeit und eventuelle Langatmigkeit der Ausführungen.

5. Normalerweise genügt hier das Diagonallesen, um das Wesentliche zu erfassen.

6. Wie ist das Buch bebildert?

7. Sind die Tabellen und graphischen Darstellungen übersichtlich und passen sie zum Text?

8. Ist das Buch leicht zu lesen, sowohl von der Schwierigkeit des Textes als auch von der Schriftart und Schriftgröße her?

9. Enthält der Text viele Fachbegriffe und Fremdwörter? Besitze ich ein fachspezifisches Wörterbuch, oder kaufe ich es gleich mit?

Die Zeit, die durch das genaue Auswählen scheinbar verlorengeht, ist gewonnene Zeit, denn man greift gern zu dem bewußt ausgewählten Buch, pickt sich die Stellen heraus, die im Moment besonders wichtig sind.

Durch den beruflichen oder emotionalen Druck wird das Gelesene meist schon beim ersten Lesen behalten.

Die neue Information mit ähnlichen Erfahrungen verknüpfen und praktisch ausprobieren!

Durch den viel zu häufigen Konsum von Hörspielkassetten und Videofilmen nimmt der Anreiz zum Lesen leider immer mehr ab. Dies führt dazu, daß es in allen Jahrgangsstufen sämtlicher Schultypen zunehmend mehr Schüler gibt, die zwar noch Buchstaben und Worte erfassen können, aber damit so beschäftigt sind, daß sie Inhalt und Aussage der gelesenen Sätze nicht verstehen und deshalb auch nicht mit eigenen Worten wiedergeben können.

Für diese Schüler ist es oft eine echte Qual, wenn sie zum Text einen Fragenkatalog bearbeiten müssen.

Ältere Schüler und vor allem Studenten sollten sich unbedingt das effektive Lesen angewöhnen, um möglichst schnell und viel lernen zu können und so den Anforderungen unserer Zeit gewachsen zu sein.

So geht man beim Intensivlesen vor

1. Lesen zur Wiederholung und zur Ergänzung von Wissenslücken.

2. Besonders wichtige Textabschnitte markieren – und ab in die Lernkartei!

3. Lesen als Selbststudium.

4. Einschlägige Literatur aus Fachbibliotheken ausleihen.

Die Vorgehensweise bei der Auswahl des geeigneten Buches ist am Anfang des Kapitels beschrieben.

5. Wichtige Kapitel oberflächlich durchlesen.

6. Fachbegriffe und Fremdwörter klären und Fragen notieren.

7. Den Text nach Antworten durchforsten.

8. Abschnitt für Abschnitt gründlich lesen und mit eigenen Worten nacherzählen.

Komplexe Textmengen in einer Mind-Map (S. 43) bildhaft verdeutlichen.

9. Als gute Prüfungsvorbereitung die wichtigsten Punkte in einer umfassenden Überschrift zusammenziehen. Mögliche Prüfungsfragen zum Text überlegen und versuchen, sie auch zu beantworten. Diese Überschriften ankern wir wie einen Dateinamen, der den gelernten und verstandenen Stoff sofort freigibt, wenn ein Bezug zum Dateinamen durch eine Prüfungsfrage hergestellt wird.

10. Als Verstärkung der Merkbereitschaft die praktische Verwendbarkeit des Stoffes hinterfragen. Auf diese Art lassen sich hervorragende Spickzettel erstellen, die man dann später nicht braucht, weil der Stoff ohnehin im Gedächtnis sitzt.

Durch elektronische Medien nimmt der Anreiz zum Lesen ab.

Optimale Lernzeiten beachten

Eine Reihe eingehender wissenschaftlicher Untersuchungen haben ergeben, daß unser Gedächtnis Daten verliert, wenn es überfordert wird. Es kommt noch schlimmer: Zu langes Lernen kann zum Verfälschen oder gar Löschen von Gedächtnisinhalten führen.

Wer ohne ausreichende Pausen länger als zwei Stunden lernt, weiß oft am Ende weniger als am Anfang!

Als erster Schritt muß ein deutlicher Abstand zum vorausgegangenen Lernvorgang gewonnen werden. Wer sich also in Schule, Studium oder Beruf den Kopf bis zur letzten Stunde vollgestopft hat, wer anschließend eventuell noch konzentriert Auto fahren mußte, der braucht Abstand von alledem. Spiel oder Spaziergang sind hier sogar günstiger als das Lesen einer entspannenden Lektüre, denn auch unsere Augen brauchen Ruhe und Entspannung.

Wer ohne ausreichende Pausen länger als zwei Stunden lernt, weiß oft am Ende weniger als am Anfang!

Durch den Verdauungsvorgang wird unser Blut vermehrt in den Bauchraum geleitet: Das Denken ist erschwert. Je nach Menge und Fettgehalt der Nahrung ist unser Gehirn für eine bis anderthalb Stunden nur begrenzt leistungsfähig.

Plagt uns der Hunger während des Lernens allzu sehr, dann ist etwas Obst die einzig sinnvolle Nahrung. Auch ein möglichst frisch gepreßter Gemüse- oder Obstsaft liefert schnell wieder neue Energie. Möhren- und Rote-Bete-Saft der Firma Biotta haben sich in Lerntests besonders günstig auf die Gedächtnisleistung ausgewirkt.

Vorsicht mit Traubenzucker oder Karamel-, Schoko- und Keksriegeln etc.! Diese liefern zwar schnell Energie, aber es fehlen die notwendigen Begleitvitamine und Enzyme. Der Körper reagiert auf diese »Zuckerbomben« mit Nervosität und schnellerer Ermüdbarkeit.

Lernzeiten

Optimales Lernen setzt sich aus verschiedenen Faktoren zusammen:

1. Aus der Ermittlung der besten Lernzeit;

2. daraus ergibt sich die große Lernzeit von (je nach Umfang des Lernstoffes) ein- bis zweimal eineinhalb Stunden. Dabei ist nach 20 Minuten ein Methodenwechsel vorzunehmen. Spätestens nach 45 Minuten sind eine Pause und ein Fachwechsel angesagt. Die Rest-Lernzeit verteilt sich auf mehrere 5 bis 15minütige Kurzlern- oder Kontrollphasen am Tag.

Der Tabelle im Fremdsprachenabschnitt (S. 37) werden Sie für jedes Fach Impulse entnehmen können.

Markieren Sie zu diesem Zweck im Fach- oder Schulbuch immer, wie weit Sie innerhalb der jeweiligen Lernphase gekommen sind. Legen Sie die mit Erfolg gelernten Karteikarten der Reihe nach in das nächste Fach. Büroklammer oder Gummiband zum Zusammenhalten verwenden; Bleistiftnotiz mit Lerndatum, Lernzeit und

Lerndauer auf Buchseite oder Karteikarte vermerken! Nur dann läßt sich bei der folgenden Wiederholung mühelos erkennen, ob ein Leistungsabfall stattgefunden hat.

3. Spätestens nach einer Lernstunde ist es erforderlich, aufzustehen und einige Male das Treppenhaus hinauf- und herunter zu gehen, ums Haus zu laufen, aufs Trampolin zu steigen usw., und dies möglichst bei offenem Fenster! Dabei sollte eine deutliche Atemvertiefung erzielt werden.

Denken erfordert viel Sauerstoff und Flüssigkeit. Bei ruhigem Sitzen verbraucht unser Gehirn bis zu 40 Prozent des aufgenommenen Sauerstoffs!

Übrigens, es ist ganz natürlich, daß unser Gedächtnis sich zwischendurch immer wieder einmal eine Pause nimmt. Dann beobachten wir, wie unsere Gedanken für einige Sekunden abschweifen. Wenn die gedanklichen Abwanderungstendenzen zunehmen, obwohl Sie dem obigen System gefolgt sind, dann sind Sie körperlich oder psychisch überfordert. Eventuell ist eine Krankheit, etwa eine Erkältung, im Anzug.

Tragen Sie dem Rechnung, z.B. durch Schwimmen, Saunabesuch, Schnellgehen etc. Jetzt kann auch die Einnahme eines stärkenden Mittels, etwa von Echinacea-Strath comp., ihr Immunsystem kräftigen. (Beim Strath-Verfahren werden die Pflanzenwirkstoffe durch spezielle Hefen voraufgeschlossen. So sind, im Gegensatz zu anderen Präparaten, Nebenwirkungen gleich von vornherein ausgeschlossen.)

Lieber also jetzt etwas Lernzeit durch diese Gesundheitsvorsorge verlieren, als später einige Tage gänzlich ausfallen. Zudem werden Sie beobachten, daß an solchen Tagen die Merkfähigkeit des Gehirns ohnehin deutlich schwächer ist!

Und denken Sie auch daran, immer ein Glas mit Mineralwasser oder dünnem Tee bzw. verdünntem Gemüse- oder Obstsaft zur Hand zu haben. Unser Gehirn braucht zwar kein Wasser zur Kühlung, aber ein ausreichender Flüssigkeitsspiegel im Körper hält unser Blut vor allem fließfähiger.

Intensive Denkarbeit erfordert viel Sauerstoff und Flüssigkeit.

Sicher erleichtert ein geordneter Arbeitsplatz das gezielte Zugreifen auf die Arbeitsmaterialien. Jeder braucht einen Platz, an dem er schnell alles findet, was er zum Lernen braucht. Es ist jedoch günstig, sich nicht zu sehr von optimalen äußeren Bedingungen abhängig zu machen! Schul- und Prüfungssituationen sind immer ganz anders. Es schadet keineswegs, wenn auch einmal in der Küche oder auf dem Balkon gelernt wird. Auch ist es nicht unbedingt sinnvoll, sich von absoluter Ruhe im Lernraum abhängig zu machen. Die Belastbarkeit sollte durchaus trainiert werden. Gerade das Arbeiten mit dem Karteikasten zeigt, ob wir uns eventuell noch überfordern!

Übrigens, alle diese Ratschläge treffen für jedes Lernalter zu. Eltern sollten ihre Kinder dazu anhalten, daß sie sich zunehmend an einen gesunden Lern- und Pausenrhythmus gewöhnen.

Das Verhältnis von Zeitaufwand zum gelernten Stoff zeigt schnell, wie effektiv unser Gedächtnis arbeiten kann, wenn wir auf seine Arbeitsweise und Belastbarkeit Rücksicht nehmen.

Merke:

Mit dem leichtesten Fach und der leichtesten Aufgabe beginnen. Zwischen Lesen, Schreiben, Sehen/Hören spätestens alle 20 Minuten wechseln. Dieser Methodenwechsel beugt einer zu frühen Ermüdung und Lernunlust vor. Bevor Sie das Fach nach 35 bis 45 Minuten wechseln, legen Sie eine echte Pause ein. Anschließend beginnen Sie mit einem anderen Thema. Teilen Sie sich Ihre Kurzlernzeiten für den Tag so ein, wie es im Abschnitt: »So finden Sie Zeit zum Lernen« (S. 27) empfohlen ist.

Nach einer Stunde sind Bewegung und gesundes Atmen angesagt. Nach zwei Stunden muß das Gedächtnis mindestens eine Stunde »verdauen« können, sonst war alle Mühe umsonst! Mehrere Kurzwiederholungen.

Fremdwörter und Fremdsprachen

Können Sie sich etwas, das Ihnen völlig fremd ist, vorstellen? Wahrscheinlich kaum. Genau hier liegt das Problem.

Sie wissen bereits, daß unser Gedächtnis mit bildhaften Vorstellungen am besten umgehen kann, also muß unser erster Versuch dahin gehen, aus diesen fremdartigen »Buchstabenanordnungen« etwas zu machen, was gedächtnisgerecht ist.

Wenn es darum geht, sich fremde Wörter und Begriffe außerhalb eines Satzzusammenhangs zu merken, so besteht die bewährteste Technik darin, die Fremdwörter und Fachbegriffe in ähnlich klingende, begriffliche Wörter umzuwandeln; möglichst in Wörter, aus denen Sie zugleich auch ein Handlungsbild entwickeln können. Etwa wie in den folgenden Beispielen:

Ketsch = Zweimastiges Segelboot
Auf einem zweimastigen Segelboot wird ein Sketsch aufgeführt.

Domus = Haus
Mein Haus steht in einem Dom.

Abdomen = Unterleib
Den Abt im Dom schmerzt der Unterleib.

Servus = Sklave, Diener
Ich verabschiede meinen Sklaven.

Systole = Zusammenziehung
Mit einer Pistole wird auf etwas geschossen, was sich, getroffen, zusammenzieht.
Kolla = Leim
Aus einer CocaCola-Flasche fließt Leim.
Mob = Pöbel
Der Pöbel ist mit Mopps bewaffnet.
Tendinitis = Sehnenscheidenentzündung
Ich sitze auf dem Tender einer Dampflock und beobachte, wie sich eine meiner Sehnenscheiden rotglühend entzündet.

Wenn es Ihnen gelingt, das jeweilige fremdsprachliche oder Fremdwort in ein Handlungsbild umzuformen, dann prägt es sich erfahrungsgemäß sehr fest ein. Mit zunehmender Anwendung dieser Technik fallen einem immer mehr lustige oder anderweitig einprägsame Bilder zu Fremdwörtern ein; trotzdem sollten Sie die Unterstützung durch eine Lernkartei immer miteinbeziehen.

Lernkartei

Die Lernkartei ist auch heute noch das bewährteste Werkzeug, um einen Stoff systematisch zu verankern und das Gelernte zu überprüfen. Selbst neueste Computerlernprogramme arbeiten nach diesem Prinzip.

Beim Lernen einzelner Begriffe ist die Lernkartei dem Computer eindeutig überlegen. Die gerade aktuellen Fragekärtchen lassen sich überallhin mitnehmen. Zudem schonen Sie auf diese Weise Ihre Augen.

Bereits das Entwickeln der Fragestellung zwingt, sich mit dem Stoff noch eingehender und gründlicher auseinanderzusetzen, und bereitet bereits auf eine Prüfungssituation vor. Es ist sinnvoll, sich gleich am Fragestil der entsprechenden Prüfung zu orientieren.

Selbst Computerlernprogramme arbeiten nach dem Prinzip der Lernkartei.

Auch das Schreiben der Vokabeln oder Formeln etc. mit der Hand unterstützt die Speicherung des Stoffes.

Statt der teuren Karteikärtchen empfiehlt es sich, die preiswerten Merkzettelblöcke zu benutzen. Falten Sie den jeweiligen Zettel in der Mitte zusammen. Auf die Vorderseite wird die Frage und auf die Rückseite wird die Antwort geschrieben. Im Inneren des gefalteten Zettels ist Raum für Skizzen, Merkhilfen oder irgendwelche Eselsbrücken.

Fällt Ihnen beim Abfragen die Antwort nicht ein, so falten Sie erst das Papier auf und versuchen über die dort notierten Merkhilfen zur Antwort zu finden. Erst wenn auch dies nicht weiterhilft, sollten Sie auf die Antwortseite schauen. Haben Sie anhaltend Schwierigkeiten mit einem Begriff, so versuchen Sie, die Merkhilfen oder die bildhafte Vorstellung zu verbessern.

Schon das Anlegen einer Lernkartei kann Freude bereiten.

Sobald man einen Begriff beherrscht, wandert die Faltkarte vom ersten Fach in das zweite usw. Ist einem ein Begriff entfallen, so stellt man ihn wieder ins erste Fach zurück.

Man beginnt mit 20 bis 30 Kärtchen. Am folgenden Tag werden immer erst ca. 20 Begriffe aus dem zweiten bis letzten Fach kontrolliert. Falls man sie nicht beherrscht, geht es wieder ab ins erste Fach. Andernfalls kommen die Kärtchen ein Fach weiter nach hinten.

Anschließend ergänzen wir das erste Fach mit neuen Begriffen auf maximal 20 bis 30 und bearbeiten sie nach der beschriebenen Methode.

Auf diese Weise durchwandern unsere Karteikärtchen fünf bis sieben Fächer.

Die Anzahl der Karteikastenfächer sollten Sie von Ihrer jeweiligen Merkfähigkeit für das betreffende Fachgebiet abhängig machen.

Die Karteikarten des letzten Faches sollten schließlich in ganze Sätze oder größere Zusammenhänge umfassende Fragen zusammengezogen werden, um später eine Schnellkontrolle zu ermöglichen.

Wenn Sie sich mit einem weniger wichtigen Fachgebiet beschäftigen, fassen Sie gleich von vornherein mehrere Informationen stichwortartig auf einer Karteikarte zusammen, damit Sie Zeit sparen. Auch beim Bearbeiten dieser Karteikarten sollten Sie sich nach dem bewährten Prinzip des zeitlichen Wiederholungsrhythmus richten.

Die Kontrolle Ihrer Karteikarten richten Sie möglichst so ein, daß nach ca. 20 Minuten und innerhalb von acht Stunden eine Überprüfung und damit auch eine Wiederholung erfolgt.

Handelt es sich um einen Stoff, der erst für eine Prüfung zu späterer Zeit benötigt wird, sollte die Kontrolle der gelernten Karteikarten nach 2 Tagen und anschließend im Abstand von 1, 3, 6, 12 und 24 Wochen erfolgen.

Wenn Sie soweit wie möglich versuchen, auffällig und bildhaft umzusetzen, möglichst viele Ihrer Sinne mit einzubeziehen, dann wird die gute alte Lernkartei für Sie zu einem neuen Erlebnis, zur Lernerfahrung ohne Mühe.

Wer eine Lernkartei anlegt, dem bereitet das Lernen schon allein deshalb Freude, weil das erworbene Wissen in Form abgelegter Karten sichtbar anwächst.

Auch wenn die Lernkartei anfänglich den Eindruck erweckt, daß sie ein zeitaufwendiges Hilfsmittel ist, so zeigt sich doch im Zeitvergleich mit anderen Lerntechniken ihre Überlegenheit. In bezug auf die Sicherheit der Verankerung des Lernstoffes ist sie unschlagbar. Zudem kann der

Lernstoff auch nach Jahren mit der alten Kartei wieder schnell und gezielt aufgefrischt werden.

Für jedes Prüfungsfach, in dem wir überdurchschnittliche Leistungen erzielen wollen, ist die Lernkartei das Mittel der Wahl.

Die Lernkarten bieten noch eine weitere Lernmöglichkeit an. Mit den einzelnen Vokabelkärtchen kann man ganze Sätze zusammenlegen. Arbeitsabläufe oder chemische Prozeßabläufe etc. werden deutlicher, wenn man die Fragekärtchen entsprechend den Einzelschritten im Prozeßverlauf auslegt.

(Siehe dazu auch den Abschnitt »Am Tor zum Unbewußten – Mind-Maps und Brainstorming«, S. 43 ff).

Fremdsprachen lernen

Wenn Sie noch keine Vorkenntnisse in der als Lernziel angestrebten Fremdsprache haben, wählen Sie sich am besten einen Sprachkurs aus, der die jeweilige Sprache in Form von kleinen Erzählungen aufbaut. Diese Geschichten sollten den Situationen, in denen Sie die Sprache später anwenden möchten, möglichst nahekommen.

Wählen Sie bitte Ihre Lernanleitungen bewußt aus, nutzen Sie die Rückgabemöglichkeit der Anbieter in Zeitschriften etc.

Bereits hier fällt die erste Entscheidung zu Frust oder Freude beim Sprachenlernen. Besondere »psychologische Qualitäten« des Kurses sind nicht entscheidend. Das Entscheidende ist, die Texte sagen Ihnen zu; sie sollten unbedingt von Originalsprechern aus dem jeweiligen Land auf beiliegenden Kassetten oder CD's vorgesprochen werden. Denn Sie wollen ja auch das Gehör in die Lernarbeit miteinbeziehen.

Nun lösen Sie sich jedoch zunächst einmal von der Lernanweisung des Kurses und bearbeiten das Lehrmaterial nach folgendem Schema, das bei jeder Fremdsprache angewendet werden kann.

Für jedes Prüfungsfach empfiehlt sich eine Lernkartei.

Die Linearübersetzung

Wir beginnen mit dem Abschreiben eines Textabschnitts, möglichst von Hand. Dabei wird bereits das erste Wort direkt übersetzt, indem Sie es genau unter das Fremdwort schreiben.

Sie nehmen also ein Wörterbuch oder das Vokabelverzeichnis des Kurses zur Hand und übersetzen ganz simpel Wort für Wort. Entspricht ein Wort in der einen Sprache zwei Wörtern in der anderen, so kennzeichnen Sie dies bitte durch einen Verbindungsstrich. Nehmen Sie sich anfänglich nur soviele Wörter vor, wie Sie ohne große Probleme in 20 Minuten bewältigen.

Beispiel:

Drive slowly,	Father,	so that we	
Fahre langsam,	Vater,	so daß wir	
can	enjoy	the scenery.	
können	genießen	die Landschaft.	
Well,	Susan,	let me	introduce
Nun,	Susanne,	laß mich	vorstellen
a	real	Scot	to you.
einen	echten	Schotten	zu Dir.
Have	some toast.		
Nimm-doch	etwas Toast.		
Betty,	will	you	
Betty,	willst/würdest	du	
pass	the butter	and marmalade.	
weiterreichen	die Butter	und Marmelade.	

Gewiß mutet diese Art der Übersetzung anfänglich etwas eigenartig an. Sie werden jedoch merken, daß das Übersetzen auf diese Weise die Startschwierigkeiten bei der Bewältigung eines unbekannten Textes deutlich reduziert.

Wenn man mit einem Computer arbeitet, so kann bereits ein einfaches Übersetzungsprogramm, wie z.B. der Ikarus Translator Pro, einem die Übersetzungsarbeit deutlich erleichtern. (Es kostet ca. 50.- DM auf CD-Rom, zu beziehen durch CDV Software, 76014 Karlsruhe). So wird einem auf einfachste Weise bewußt, in welcher Form die Fremdsprache sich ausdrückt. Man gewöhnt sich von vornherein an das richtige Sprachbild. Ebensowenig kommt man beim Sprechen der Fremdsprache in Versuchung, die deutsche Satzstellung zu übernehmen.

Statt der Zettelwirtschaft ist es sicher günstiger, wenn Sie die vorhin beschriebenen Karteikärtchen aus gefalteten Memoblockzetteln verwenden und auf der Innenseite Ihre Merkhilfe beziehungsweise bildhafte Vorstellung skizzieren. Man erkennt bereits beim Linearübersetzen, welche Sätze sich schwer verbildlichen und schwer merken lassen.

Bewährt hat es sich, mit drei bis fünf Sätzen zu starten. Ab Stufe 4 zeigt sich dann, welche Sätze intensiver bearbeitet werden müssen.

Ihr Karteikasten muß also 10 Fächer haben. Ist ein Arbeitsgang abgeschlossen, beziehungsweise bei 2 und 3 mehrmals wiederholt, so gibt man die Faltzettelchen ins nächste Fach. Fügen Sie immer nur soviele neu übersetzte Kärtchen bei 2 hinzu, daß ein Zeitrahmen von maximal 45 Minuten bei der Arbeit mit dem Karteikasten nicht überschritten wird. Es ist nicht sinnvoll, alle Fächer innerhalb einer Übungsstunde zu bearbeiten, drei Fächer genügen.

Die folgenden Schritte entnehmen Sie bitte der nachfolgenden Tabelle!

Natürliches Fremdsprachenlernen

In zwölf Schritten zu einer sicheren Beherrschung des Grundwortschatzes

Sie benötigen dazu mindestens einen einfachen Kassettenrecorder mit eingebautem Mikrophon (ca. 75.- DM) und einen Walkman mit offenem Kopfhörer (ca. 50.- DM) sowie ein Überspielkabel von Gerät zu Gerät (ca. 10.- DM). Desweiteren Notizzettelblock, Karteikasten oder Pappkarton mit 10 Fächern (Pappstreifen einkleben) für die Lernabschnitte 1 bis 10.

1. Linearübersetzung herstellen, Sätze numerieren (S1 usw.). Günstig ist es, wenn Sie Karteikarten für jeden Satz anfertigen

2. Linearübersetzung lesen > in der Fremdsprache hören, einen oder mehrere neue Sätze hinzunehmen und wie in 1. damit vorgehen

3. Linearübersetzung lesen > bildhaft vorstellen und Fremdsprache hören

4. Fremdsprache hören > in Linearübersetzung aufschreiben, gleichzeitig mit Hintergrundhören oder Entspannungshören des Fremdsprachentextes beginnen

5. Deutsch hören > in Fremdsprache aufschreiben

6. Fremdsprache lesen > in Linearübersetzung aufschreiben

7. Linearübersetzung lesen > Fremdsprache aufschreiben

8. Fremdsprache lesen > grammatikalisch korrekt deutsch aufschreiben

8a. Aus dem fremdsprachlichen Text einige Worte übermalen und ebenfalls übersetzen. Mit dem Lückentext eine Kassette besprechen und beim Abhören den fehlenden Text sprechen. So lernen Sie auch undeutlich sprechende Ausländer zu verstehen

9. Linearübersetzung lesen > Fremdsprache sprechen, Kontrolle durch Kasettenaufnahme. Am besten mit zwei Geräten eigene Aussprache mit Orginalaussprache vergleichen

10. Fremdsprache lesen > grammatikalisch korrekt deutsch sprechen

11. Falls die gelernten Sätze aus einem größeren, Ihnen im übrigen verständlichen Text herausgenommen wurden, können Sie sich jetzt mit Genuß den ganzen Text anhören und direkt übersetzen

12. Gestalten Sie neue Sätze auf der Basis der gelernten Satzformen

> bedeutet immer gleichzeitig!

(Ausführlicher wird diese Methode beschrieben in dem Buch:
Vera F. Birkenbihl, Die Birkenbihl-Methode, Fremdsprachen zu lernen)

Zahlen- und Buchstabenkombinationen merken

»Dreidreidrei, bei Issus Keilerei« – eine Geschichtszahl, an die sich sicher noch viele von uns erinnern können.

Reime sind nicht nur bei Zahlen eine bewährte Gedächtnishilfe.

- Der Fudschijama ist 3.776 Meter hoch, das entspricht 12365 Fuß. 12 Monate und 365 Tage.
- Die Zahl 324325326327328 läßt sich nur scheinbar schwer merken, besteht sie doch aus 324 325 326 327 328.
- 72829303112365 läßt sich aufgliedern in 7 Wochentage, 28, 29, 30, 31 Tage hat ein Monat, 365 ein Jahr. Finden Sie erst einmal jemanden, der sich diese Zahl so leicht merken kann wie Sie.
- Was hat die Telefonnummer 24252612 wohl mit Weihnachten zu tun?
- 774829 merkt man sich leichter, wenn man entdeckt, daß 77-48 = 29

Suchen Sie nach Ähnlichkeiten oder Beziehungen zu Ihnen bereits bekannten Zahlengruppen, um Ihrem Gedächtnis so eine entsprechende Verknüpfung zu erleichtern.

Von Natur aus ist unser Gedächtnis auf die Speicherung von bildhaften Eindrücken eingerichtet.

Bereits das spielerische Suchen nach einer mathematischen Beziehung der Zahlenglieder unterstützt das Einprägen, auch wenn keine Lösung gefunden wird.

Sie erinnern sich wahrscheinlich noch an meine Ausführungen im Kapitel über die Arbeitsweise unseres Gedächtnisses. Von Natur aus ist unser Gedächtnis auf die Speicherung von bildhaften Eindrücken eingerichtet. Also geht es hier darum, die abstrakten Zahlen in etwas Bildhaftes umzuwandeln.

Sie können meine Vorschläge für die bildhafte Umsetzung von Zahlen übernehmen oder ein anderes Bild wählen, wenn sich das für Sie leichter einprägen läßt.

0	=	Reifen
1	=	Zauberstab
2	=	Schwan
3	=	Dreizack
4	=	Kleeblatt
5	=	Hand
6	=	Elefantenrüssel
7	=	Fahne
8	=	Achterbahn
9	=	Pfeife
10	=	Golfschläger mit Ball
11	=	zwei Kirchtürme
12	=	Uhr
13	=	ein Fuß mit drei Zehen
14	=	Blitz
15	=	Messer und Gabel

16 = Fleischerhaken
17 = Dreieck
18 = Starenkasten am Baum
19 = Luftballon
20 = Schneeball auf Hörnerschlitten

Ich habe Ihnen bewußt kein Bild vorgegeben. Wählen Sie eines, das Ihnen in den Sinn kommt. Das Merken mit eigenen Bildern fällt einem am leichtesten.

1106978: Über zwei Kirchtürmen hängt ein Reifen. Ein Elefant greift nach dem Reifen und reißt dabei die Kirchtürme um. Beim Zurücksetzen setzt er sich auf die glühende Pfeife. Er rast los, rennt einen Fahnenmast um und gerät in die Achterbahn.

Wenn Sie einige Tage üben, fallen Ihnen die originellen Bilder nur so zu. Jetzt wird die Auseinandersetzung mit jeder Zahl für Sie zum Gedächtnistraining.

Auch Haupt- und Unterthemen eines Vortrags, den Sie hören oder halten wollen, lassen sich auf diese Weise der Reihe nach merken, indem man eine lustige Verknüpfung zwischen dem Zauberstab und dem Einleitungsthema gestaltet usw.

Wie wärs mit einer Wette? Wer sich die einzelnen Themen der Tagesschau in der richtigen Reihenfolge merken kann, darf das Fernsehprogramm des Abends bestimmen.

Beschriften Sie Notizzettel mit Zahlen und andere mit der Bezeichnung irgendwelcher Begriffe oder Gegenstände. Von den gut vermischten Zetteln immer einen vom Haufen der Zahlenzettel und einen vom Haufen der Begriffe/Gegenstände nehmen. Verbinden Sie gedanklich beides und legen Sie die zwei Zettel gemeinsam, mit einer Büroklammer aneinander gesteckt, ab.

Das Merken mit eigenen Bildern fällt einem am leichtesten.

Sollten Schwierigkeiten auftauchen, so überdenken Sie nochmals Ihr Verknüpfungsbild und suchen Sie eine bessere Lösung.

So lernen Sie am besten die Bild- und Handlungsformen kennen, die speziell Ihr Gedächtnis gut speichern kann.

Der Mensch behält, was ihn erschreckt, was ihm gefällt!

Das Arbeiten mit dem Zahlencode

Mit Hilfe eines Zahlencodes kann man Zahlen in einen gedächtnisgerechteren Zustand umwandeln.

0 = z , s, c, Null heißt auch Zero, sprich Cero und Sero
1 = t, d, haben auch einen senkrechten Strich
2 = n, hat zwei Striche
3 = m, hat drei Striche
4 = r, vier hat ein r am Ende
5 = l, das große Römische L bedeutet 5zig
6 = ch, x, sch, sechs und sex, schade wenn die Zeit dafür fehlt
7 = k, (hart gesprochenes) c, ck, g (Camel Zigarette geht mit Zecke)
8 = f, ph, pf, v, w (8tung Pferde fallen auf Philips VW)
9 = b, p, braucht man nur zu wenden

Die Technik mit Zahlencodes wird von den besten Gedächtniskünstlern praktiziert.

Alle weiteren Buchstaben des Alphabets, einschließlich der Konsonanten, zählen nicht.

Ordnen Sie bitte folgende Worte den entsprechenden Zahlen zu:

Zehe, Eis, Oase, Hase, Haus, USA
Tee, Auto, Udo, Hut, Heide, Deo
Noah, Heino, Huhn, Jena, nie, ein
Oma, Heim, Emu, Mühe, Mai, Maya
Ähre, Jahr, Reihe, Ohr, Arie, Uhr
Aal, Eule, Aula, Höhle, Aloe, Öl
Schuh, Echo, Eiche, Asche, Ajax
Ecke, Auge, Kai, Koje, Kuh, Hugo
Vieh, Fee, Efeu, Uwe, Jahve,
Boy, Eibe, Oboe, Opa, Bau, Boje
Judas, Dose, Ethos, Jui-Jitsu

Um sich zum Beispiel die Zahl 982 617 675 356 735 549 511 951 479 zu merken bilden wir beispielsweise daraus neun bildhafte Schlüsselworte, Pavian, Judoka, Schakal, Milch, Kamel, Lorbeer, Laudatio, Blatt und Rugby.

Stellen Sie sich einen Pavian in Judokluft vor, er kämpft gegen einen Schakal, der Milch vom Kamel trinkt. So gestärkt gewinnt er und erhält den Lorbeerkranz. Der Lorbeerkranz zerfällt in lauter Blätter, die immer mehr werden und eine Rugbygruppe beim Spiel hindern.

Diese Technik wird von den besten Gedächtniskünstlern praktiziert. Es gibt also keine bessere Technik. Auch wenn wir nicht Jahre üben wollen, um es ihnen gleich zu tun, so haben wir wieder eine Gedächtnistrainingsübung mit direkter praktischer Anwendbarkeit.

Buchstabensymbole sind ebenfalls eine große Merkhilfe, wenn Sie sich Buchstaben oder auch ganze Worte merken wollen. Sie sind nachfolgend von A bis Z aufgelistet:

A = Stehleiter
B = Busen
C = Mondsichel
D = Bogen
E = Säge
F = Schieblehre
G = Strandkorb
H = Leiter
I = Säule
J = Haken
K = Segelmast
L = Stiefel
M = Brücke
N = Zollstock
O = Brunnen
P = Trompete
Q = Luftballon
R = Regen
S = S-Kurve
T = Strommast
U = Becher
V = Pfeilspitze
W = Ziehharmonika
X = Kreuzung
Y = Sektglas
Z = Verkehrsschild

Das Einprägen dieser Buchstabensymbole und der Umgang damit ist Gedächtnishilfe und Gedächtnistraining zugleich, wenn Sie sich alphabetisch geordnete Dinge merken oder ein Wort einprägsam buchstabieren wollen.

Vorträge und Referate halten und behalten

Auch bei der Vorbereitung von Vorträgen und Referaten geht man am besten schrittweise vor:

1. Am einfachsten beginnen Sie, indem Sie alle wichtigen Ideen, Zitate, Merksätze, Hinweise etc. auf Notizzettel schreiben.

2. Diese Notizzettel ordnen Sie dann in Form einer Mind-Map (S. 43) an.

3. Auf der Basis der Mind-Map fertigen Sie anschließend eine Gliederung an.

4. Wenn Sie die Rede möglichst frei halten wollen, sollten Sie die Überschriften mit Zahlensymbolen, die einzelnen Inhaltspunkte mit Buchstabensymbolen versehen. Vermerken Sie auf Ihrer Gliederung, was Sie mit welchen Symbolen gekoppelt haben. Besonders wenn Sie nicht viel Zeit zum Einüben des Vortrags haben, nicht zu viele Symbole verwenden!

Verwenden Sie nicht zu viele Symbole, wenn Sie zum Einüben des Vortrags wenig Zeit haben!

Halten Sie den Vortrag mehrmals auf Tonband, um sich zu kontrollieren und die Zeitdauer für die einzelnen Abschnitte vorauszuplanen. Sehen Sie in den Spiegel, um Ihre Mimik und Gestik zu kontrollieren. Stellen Sie sich dabei vor, Zehntausende würden Ihnen zuhören. Schließen Sie immer wieder die Augen und visualisieren Sie die Menge und ihr leises, zustimmendes Gemurmel. Dann wird eine

Üben Sie Anfang und Ende des Vortrags besonders gut ein!

kleinere Zuhörerzahl Sie nicht mehr aus der Ruhe bringen. Sie wissen ja, Ihr Gedächtnis (hier der Unterbewußtsein genannte Anteil) erkennt visualisierte Situationen auch als real an. Wenn Sie an vergangene Vorträge denken, erinnern Sie sich bitte nur an die positiven Aspekte, und übertreiben Sie Ihre Vorstellung von der damaligen Zuhörerzahl. So bauen Sie Lampenfieber am einfachsten ab.

Neigen Sie bei Vorträgen mehr zum schnelleren oder zum langsameren Sprechen?

Planen sie eine Zugabe ebenso ein wie Themen, die Sie weglassen können, wenn Sie zu viel Zeit benötigen oder häufig unterbrochen wurden.

Generell ist es günstig, Anfang und Ende des Vortrags besonders gut einzuüben. Danach wird man Sie hauptsächlich beurteilen!

Gleichzeitig ist dieser Trick eine bewährte Hilfe gegen Lampenfieber.

Ankern Sie jede erfolgreich verlaufene Übungskassettenaufnahme durch Berühren einer Körperstelle, z. B. indem Sie sich auf Ihre linke Schulter klopfen. Diese Stelle ist dann Ihr Erfolgsanker. Durch Berühren dieser Stelle werden Sie Ihren Körper und Geist jederzeit wieder in die augenblicklich erlebte Hochstimmung versetzen können. So lassen sich depressive Stimmungen und Ängste bei der Vorbereitung eines Vortrags leichter überwinden.

Nehmen Sie möglichst jeden Ihrer Vorträge auf Kassette auf, um sich kontrollieren zu können. Zudem kann es manchmal erforderlich sein, zu beweisen, daß Sie etwas nicht falsch gesagt haben, sondern daß es falsch verstanden wurde.

Setzen Sie auf jeden Fall einen Erfolgsanker, wenn alles gut gelaufen ist. Er wird Ihnen beim Beginn des nächsten Vortrags die richtige gefühlsmäßige Einstimmung vermitteln.

Will man bei einer Rede bestimmte Argumente auf jeden Fall einbringen, so beginnt man am besten bei der Tür, die am nächsten zu Ihnen an Ihrer linken Seite ist. Argument 1 verbinden Sie mit dieser Tür, Argument 2 mit dem nächsten größeren Gegenstand, Möbelstück, Bild oder einer Ecke.

Beim Zuhören ist manches zu beachten

1. Wenn Sie nicht die Möglichkeit haben, sich Notizen zu machen, verbinden Sie die Aussagen, die Ihnen wichtig erscheinen, der Reihe nach mit Buchstaben oder Zahlensymbolen.

2. Versuchen Sie immer wieder zu klären, worauf der Vortragende hinaus bzw. was er erreichen will, und ob er sich eventuell verzettelt.

3. Stellen Sie sich ständig Fragen zum Gesprächsinhalt.

4. Suchen Sie Verbindungen zu Ihrem bisherigen Wissen. Gibt es Unterschiede oder Widersprüche?

Am Tor zum Unbewußten – Mind-Maps und Brainstorming

Mind-Map könnte man mit »geistige Landkarte« übersetzen. Die Mind-Map ist für alles, was mit dem Denken, Lernen, Erinnern und Planen zusammenhängt, das ideale Werkzeug. Sie kommt der Eigenschaft unseres Gedächtnisses, bildhafte Elemente besonders leicht zu speichern, sehr entgegen.

Überall dort, wo die Erstellung von Lernkarten zu aufwendig wäre, ist sie das Hilfsmittel der Wahl. Ob wir nun einen Vortrag hören, ein Buch lesen oder einen Film sehen.

Mit Hilfe der Mind-Map lassen sich die Kernaussagen in einen logischen und übersichtlichen Zusammenhang bringen und damit zugleich gedächtnisgerechter gestalten.

Auf einen Blick können wir das Ganze und die Sinnzusammenhänge erkennen. Wesentliches ist von Unwesentlichem differenziert, weil das Wesentliche zentraler plaziert wird.

So wird eine Mind-Map erstellt

1. Entweder benutzen wir einen DIN-A3-Papierbogen oder zwei aneinandergeklebte DIN-A4-Blätter.

Für Vorlesungen und Seminare verwende ich immer die großen, karierten Blätter eines Schulhefts ohne Rand und benutze jeweils zwei gegenüberliegende Seiten, als wären sie ein Blatt.

Es empfiehlt sich, mit Bleistift zu arbeiten, um für noch bessere Gedanken Platz freiradieren zu können. Generell ist jedoch Vorsicht mit dem Radieren geboten, da uns der Sinn eines Gedankens oft erst bei der Fertigstellung der Mind-Map bewußt wird. Am besten vorerst nur durchstreichen und den scheinbar besseren Gedanken danebenschreiben. Erst zum Schluß schafft man dann durch Radieren wieder einen übersichtlichen Zustand.

Mit Hilfe von Mind-Maps können Sie jeweils das Ganze und die Sinnzusammenhänge auf einen Blick erkennen.

2. In den Mittelpunkt kommt, eingekreist, die Zentralidee des Themas.

3. Von hier aus ziehen sich, wie die Äste und Zweige eines von oben gesehenen Baumes, Hauptlinien mit den besonders wichtigen Gesichtspunkten und davon abzweigend die Oberbegriffe, von denen wiederum die verschiedenen Unterbegriffe abzweigen.

4. Die Verzweigung schreitet so von innen nach außen fort, vom Großen zum

Kleinen, d.h. bis zu den Details und Nebensächlichkeiten.

5. Durch die Herstellung von Querverbindungen lassen sich die Abhängigkeiten verdeutlichen.

6. Der Eigenart unseres Gedächtnisses Rechnung tragend, ist es sinnvoll, wenn wir zusätzlich zu den Schlüsselbegriffen Bilder und Symbole einbauen und die Rangordnung durch Numerierung verdeutlichen.

Farben können, wenn wir sie ganz gezielt einsetzen, häufig eine zusätzliche Hilfestellung geben.

Verwenden Sie Begriffskärtchen, wenn Sie an einer Mind-Map arbeiten.

Dieses System trägt auch der Sprunghaftigkeit unserer Gedächtnisprozesse Rechnung.

Wenn wir zu einem Thema keine ausreichende Vorabinformation haben, hilft sich unser Gedächtnis, indem es alle eventuell geeigneten Datenschubfächer öffnet. Diese Daten sind natürlich noch nicht in eine logische Beziehung zueinander gebracht. Mit Hilfe der Mind-Map können wir nun in diese Gedankenflut eine Ordnung bringen, indem wir die einzelnen Einfälle und Gedanken ihrer vermutlichen Bedeutung nach mehr zentral oder am Rand aufzeichnen. Erst im Verlauf unserer weiteren Denkarbeit erkennen wir dann die notwendigen verbindenden Äste und Zweige sowie die übrigen Zwischenbegriffe.

Brainstorming – der Sturm auf die Gedanken

Beim Brainstorming listet man einfach alle Gedanken, die einem zu dem jeweiligen Thema einfallen, egal ob sie nun sinnvoll erscheinen oder nicht, auf.

Anschließend lassen sich die gefundenen Gedanken und Begriffe mit Hilfe der Mind-Map sinnsteigernd skizzieren.

Die Kombination von Brainstorming und Mind-Map, besonders wenn sie in einer sehr entspannten Ausgangssituation durchgeführt wird, öffnet uns den Weg zu sonst nicht erreichbaren Gedächtnisinhalten, und sie hilft, diese sinnvoll zu verknüpfen. Hier wird förmlich ein Stück Gedächtnisarbeit nach außen verlagert und damit kontrollierbar.

Sicher öffnet sich uns mit dieser Technik auch der Weg zur Inspiration oder Intuition. Man weiß auf einmal etwas, was man auf Grund seiner bisherigen Lebenserfahrung eigentlich noch gar nicht wissen konnte.

Natürlich erfordert das Erstellen effektiver Mind-Maps etwas Übung. Sie können üben, indem Sie in Zukunft Ihre Planungen (Tages-, Reiseablauf oder Lernprogramm), Zusammenfassungen von Buchlektüre, Artikeln, Lernstoff, Seminaren, eigenen Vorträgen und Notizen für Besprechungen mit Hilfe einer Mind-Map skizzieren.

Um zu kontrollieren, inwieweit Ihnen der Inhalt einer Mind-Map bereits im Gedächtnis verankert ist, decken Sie einfach einen kleineren oder größeren Teil ab und erinnern sich mit Hilfe der sichtbaren Begriffe.

Wenn man regelmäßig mit bestimmten Begriffen an einer Mind-Map arbeiten will, dann sollte man dazu am besten Begriffskärtchen verwenden. Diese Kärtchen kann man versuchsweise unterschiedlich anordnen, bis schließlich die Lösung gefunden ist. Zur Lernkontrolle werden einige Karten herausgenommen oder umgedreht.

Prüfungen können Spaß machen

Prüfungen! Den meisten von uns fließt ein kalter Schauer über den Rücken, wenn sie dieses Wort nur hören. Jetzt erleben wir, wie exakt unser Gedächtnis arbeitet. Je länger wir in Gedanken bei dem Thema Prüfung verweilen, um so mehr Erinnerungen tauchen aus unserem unterbewußten Gruselkabinett auf. Meist sind diese Erinnerungen von einem intensiven Gefühl körperlichen Mißbehagens begleitet. Unangenehme Muskelanspannungen, besonders im Schulter-Nackenbereich, bauen sich allein durch die Erinnerung wieder auf. Sogar Geräusche und Gerüche von Prüfungsräumen werden uns wieder bewußt. Hier müssen wir ganz schnell geistig und gefühlsmäßig umschalten, sonst schieben wir Prüfungsvorbereitungen viel zu lange hinaus und geraten unter Zeitdruck. Die Beschäftigung mit der Prüfungsvorbereitung läßt häufig wieder eine Vielzahl negativer Erinnerungen und Gefühle wach werden.

Unser Gehirn, ebenso unsere Hormondrüsen sind so programmiert, daß sie alles Gefährliche speichern, und zwar so, daß es eine dauerhafte Warnung bleibt, die dann zu Kampf oder Flucht führt. Leider sehen wir in Prüfungen nicht die Chance, einmal zeigen zu können, was wir uns durch Fleiß und Ausdauer angeeignet haben, sondern den großen vernichtenden Schicksalsschlag. Diese »Hilflosigkeit« blockiert jedes themenbezogene Denken, da die Streßhormone den Körper auf Kampf oder Flucht steuern. Alle Energie wird in die Muskulatur verlagert, das Großhirn wird abgeschaltet, damit die Muskelreaktionen ungebremst ablaufen können. Reagieren ist jetzt dem Denken übergeordnet!

Unser Gehirn speichert alles Gefährliche.

Unser Organismus spielt uns noch einen zusätzlichen Streich. Er reagiert nicht nur auf echte Gefahren, sondern auch auf eingebildete oder befürchtete. Obwohl der Prüfungstermin noch in weiter Ferne liegt, kommt es bereits zu den erwähnten körperlichen Reaktionen, wenn wir mit der Prüfungsvorbereitung beginnen oder nur an die Prüfung denken.

Ist die Prüfung für unsere berufliche Entwicklung besonders wichtig, kann sich die Panik bis zu einer Erkrankung steigern.

Bewältigung von Prüfungsstreß

Wollen wir also unser Gedächtnis bei einer Prüfung optimal einsetzen, dann müssen wir verhindern, daß es zu diesem die Denkfunktionen hemmenden Hormonausstoß kommt. Denn werden diese Hormone erst einmal ausgeschüttet, so kann es Stunden dauern, bis sie wieder abgebaut sind. Auf jeden Fall wäre eine intensive körperliche Bewegung Voraussetzung dafür.

Löschen Sie negative Prüfungserwartungen!

1. Sollten sich im Rahmen des Prüfungsablaufes Zeit und Möglichkeit für Bewegung ergeben, so nutzen Sie diese!

2. Versuchen Sie zumindest, tief und langsam durchzuatmen, denn flache Atmung ist ebenfalls ein Zeichen von Kampfbereitschaft.

3. Da auch ein starrer Blick zu dieser Streßreaktion gehört, entspannen Sie möglichst Ihre Augen, indem Sie sich vorstellen, eine querliegende Acht mit den Augen an die Wand zu schreiben.

4. Ihren zum Kampf angespannten Nacken lösen Sie, indem Sie sich vorstellen, die querliegende Acht mit der Nasenspitze an die Wand zu zeichnen. Je langsamer und größer Sie die Bewegungen mit Augen und Kopf ausführen, desto entspannender wirken sie.

Bevor Sie sich dann wieder in die Arbeit stürzen, sollten Sie Ihr Gedächtnis durch das inzwischen eingeübte Autogene Training oder zumindest eine der Entspannungsübungen 1 bis 20 einstimmen. Vergessen Sie nicht die Übung 16, Energiesatellit!

Ein Problem des Prüfungsstresses sind negative Vorerfahrungen oder die unsinnigen Bemerkungen von ehemaligen Prüflingen. Eventuell ist es auch eine persönliche Eigenschaft, jede lebenswichtige Situation so negativ wie möglich zu denken. All das bahnt in unserem Körper Prozesse an, die für das klare Denken ungünstig sind. Einzige logische Konsequenz: Wir müssen die negativen Prüfungserwartungen löschen, damit sie ihre hemmende Wirkung nicht mehr entfalten können. Wir müssen erreichen, daß beim Gedanken an die Prüfung möglichst ein Erfolgserlebnis und Erfolgsgefühle in uns wach werden. Angst zu versagen und Schreckensbilder werden sonst unseren Erfolg immer wieder in Frage stellen.

Grundsätzlich sollte man beim Lernen für eine Prüfung nie die Prüfungssituation selbst, sondern immer die neuen Lebenssituationen, also die schöne Zeit nach der erfolgreich bestandenen Prüfung, im Bewußtsein und vor Augen haben. Das ist viel weniger anstrengend als die ständige, manchmal krampfhafte Vorstellung von einem positiven Prüfungsablauf.

Die Arbeits- und Speicherungstechnik unseres Gedächtnisses gibt uns die entscheidenden Hilfestellungen. Erinnerungen an Ähnliches werden immer miteinander verkettet. Denken Sie lange genug an einen Mißerfolg, so werden Ihnen nacheinander wohl alle Mißerfolge Ihres Lebens wieder bewußt. Entsprechend verheerend ist auch die Negativwirkung auf Ihre Psyche.

Da Prüfungserlebnisse und vergleichbare Situationen im Verbund gespeichert werden, besteht die Möglichkeit, die Negativerlebnisse zu wandeln. Diese Technik kann Ihr ganzes Leben verändern.

Positives Denken allein erfordert häufig Jahre, bis das Bewußtsein entsprechend umprogrammiert ist.

Positive Suggestionen müssen mit unserer Glaubensbereitschaft übereinstimmen, sonst werden sie vom Unterbewußtsein einfach nicht angenommen.

Die Umformung der Informationsinhalte unseres Unterbewußtseins, so wie ich es Ihnen jetzt verdeutlichen möchte, vermag alte Denkstrukturen regelrecht zu löschen und umzuwandeln. Sie können den ungünstigen Teil des »alten Menschen« in sich, entsprechend den Vorstellungen Ihrer jetzigen Lebenserfahrung, verbessern.

Sprache und Speichertechnik des Gedächtnisses

Um an den alten Speicherinhalten Ihres Gedächtnisses gezielt arbeiten zu können, müssen wir seine Sprache und Speichertechnik kennenlernen.

Setzen Sie sich an den Tisch und legen sich einen Bleistift bereit. Schlagen Sie die Seite mit den Submodalitätentests (S. 48) auf. Eventuell kopieren Sie sich die Seite, weil Sie mit Hilfe dieser Tabelle noch öfter arbeiten sollten. Dann entspannen Sie sich.

Positive Suggestionen müssen mit unserer Glaubensbereitschaft übereinstimmen.

Erinnern Sie sich an die negativste Prüfungssituation Ihres Lebens. Sie werden dabei trotz der Schreibbewegungen in einem ausreichenden Entspannungszustand bleiben können. Es geht darum, sich bewußt zu werden, wie diese Prüfungssituation in Ihrem Gedächtnis gespeichert ist.

Lassen Sie sich nicht von der Vielzahl der Fragen irritieren. Es sind für Sie immer nur jene von Bedeutung, die Sie ohne zu überlegen beantworten können. Die auf Sie zutreffenden Fragen werden ihnen helfen herauszufinden, wie Ihr Gehirn Eindrücke speichert.

Bewußtmachung der Erinnerungsaspekte einer negativen Prüfungssituation

	J	N
Habe ich etwas gesehen?		
War es deutlich?		
Beobachte ich mich von außen?		
Erlebe ich mich als direkt Beteiligter?		
Nehme ich direkt wahr?		
Oder sehe ich alles in einem Rahmen, Monitor, auf einer Leinwand etc.?		
Füllt die Situation mein ganzes Gesichtsfeld aus?		
Oder ist nur ein Teil ausgefüllt?		
Wo, räumlich gesehen, nehme ich mich wahr?		
Oben?		
Unten?		
Rechts?		
Links?		
Vorn?		
Hinten?		
Ist das Bild dreidimensional?		
Oder flach?		
Ist Bewegung in dem Bild?		
War es deutlich?		
Mehr farbig?		
Oder schwarz-weiß?		
Tendieren die Farben mehr zum Hellen?		
Oder zum Dunkeln?		
Habe ich etwas dabei gehört?		
War es angenehm?		
War es unangenehm?		
Habe ich etwas dabei gerochen?		
War es angenehm?		
War es unangenehm?		
War es ungewöhnlich?		
Habe ich etwas geschmeckt?		
War es angenehm?		
War es unangenehm?		
War es ungewöhnlich?		
Habe ich etwas gefühlt?		
War es angenehm?		
War es unangenehm?		
Veränderte sich mein Gefühl?		
War es angenehm?		
War es unangenehm?		
Erinnerte es mich an etwas Ähnliches?		
War es angenehm?		
War es unangenehm?		
an Gegenteiliges?		
War es angenehm?		
War es unangenehm?		
....		
....		

Anschließend richten Sie die Gedanken auf Ihren Entspannungsort (Entspannungsübung 19!). Bleiben Sie mit Ihren Gedanken dort, bis Sie sich wieder so richtig wohl fühlen.

> Als nächstes erinnern Sie sich bitte an eine erfolgreich verlaufene Prüfungssituation oder an ein Erfolgserlebnis anderer Art.
> Kopieren Sie sich die nebenstehende Tabelle und versehen Sie sie mit der Überschrift:
>
> **Bewußtmachung der Erinnerungsaspekte einer positiven Prüfungssituation**
>
> Schließen Sie ruhig von einer Frage zur nächsten Ihre Augen. Nehmen Sie die Erinnerung bewußt wahr und gehen so Frage für Frage durch.
> Kreuzen Sie jeweils das Ja- oder Nein-Feld an.

Wenn Sie jetzt Ihre Anmerkungen zu den Fragen vergleichen, so werden Sie feststellen, daß Sie negative Situationen meist ohne größeren Abstand oder als Direkt-Beteiligter beobachten. Das Bild hat keinen Rahmen. Meist ist es mehr unten links plaziert. Im Bild ist wenig oder keine Bewegung, und die Farben sind eher dunkel, oder alles ist schwarz-weiß. Die Konturen sind verschwommen.

Umgekehrt ist es bei der positiven Erinnerung. Das positive Erinnerungsbild ist mehr rechts oben plaziert und weiter entfernt. Es ist insgesamt größer als das Streßbild. Man hat Überblick. Das Bild ist dreidimensional und bewegt. Helle und freundliche Farben herrschen vor.

Je nach der Arbeitsweise Ihres Gedächtnisses werden Sie sich, neben der bildhaften Erinnerung, auch noch an Gefühle, Geräusche und Gerüche erinnern können.

Wer sich an alles Negative einer Situation erinnert, der wird unter seinen negativen Erinnerungen leiden!

Beim Streßbild tendiert alles eher zum Unschönen und Unangenehmen.

Aus vielen psychologischen Tests wissen wir, daß Menschen, die nicht unter den frustrierenden Erlebnissen ihrer Vergangenheit leiden, diese Situationen aus der Beobachtersituation wahrgenommen und gespeichert haben.

Sie haben sich gefühlsmäßig davon distanziert, wie jemand, der eine notwendige Kurskorrektur gemacht hat und nun nichts mehr mit dem einstigen Zustand zu tun hat.

Wer sich jedoch an alles Negative einer Situation noch so erinnert, als ob er direkt beteiligt wäre, der wird unter seinen negativen Erinnerungen leiden!

NLP und positive Visualisierung

Ich werde hier einige Techniken aus dem NLP (Neurolinguistischen Programmieren) auflisten. Probieren Sie an alltäglichen Problemen aus, mit welcher Technik Sie am besten zurechtkommen.

Mit Hilfe der Tabelle konnten Sie erkennen, wie unterschiedlich die Speichertechnik Ihres Gedächtnisses bei positiven und bei negativen Erinnerungen funktioniert. Wandeln Sie Ihre negative Erinnerung Schritt für Schritt in eine bildhafte Vorstellung (Visualisation/Imagination) um, deren Aspekte der positiven Situation immer näher kommen.

Wandeln Sie Ihre negative Erinnerung Schritt für Schritt in eine bildhafte Vorstellung um!

Je nach Ihrer Speichertechnik könnte es spannungsabbauend sein:

- wenn Sie sich aus zunehmend weiterer Entfernung beobachten,
- die Handlung in einem Bilderrahmen sehen,
- sie nach oben rechts verschieben,
- alles in hellen Farben, klar und deutlich sehen usw.

Nachdem Sie sich entspannt haben, begeben Sie sich in Ihrer Erinnerung in eine Prüfungssituation oder eine andere Situation, die für Sie erfolgreich, also positiv verlief. Nehmen Sie sich Zeit, um die einzelnen Aspekte dieser Situation wieder bewußt zu erleben. Nehmen Sie die entsprechende Körperhaltung ein.

Wenn Ihre Erinnerung und Nachempfindung ganz deutlich ist, klopfen Sie sich gefühlvoll auf die linke Schulter. Dieses Ankern sollte genau während des Hochgefühls stattfinden. Dann schließen Sie diese Erinnerung ab und denken wieder an Ihren Entspannungsort.

Wiederholen Sie diese Positiverinnerung mehrmals und setzen Sie jedesmal den Anker in der Hochstimmungsphase.

Wenn Sie sich in Zukunft auf die linke Schulter klopfen, werden Sie feststellen, daß sich automatisch ein Gefühl einstellt, welches dem Prüfungshochgefühl ähnlich ist. Gleichzeitig wird sich von selbst das entsprechende innere Bild der positiv verlaufenen Prüfung wieder aufbauen.

Malen Sie sich den positiven Prüfungsverlauf, die Vorbereitungszeit und die Zeugnisverleihung immer positiver aus. Erleben Sie also die zukünftige Prüfungssituation so realistisch und positiv wie möglich voraus.

Sehen Sie sich vor allem auch bei der Aufstellung eines Lernplanes für die einzelnen Prüfungsfächer und bei der täglichen exakten Durchführung.

Wiederholen Sie diese Übung so häufig, bis sich das positive Prüfungsgefühl und Prüfungserlebnis sofort bei Berührung der linken Schulter einstellt.

Nach der dritten Übung sollten Sie alles so schnell ablaufen lassen können, daß

Sie nicht mehr als ca. 3 Minuten für einen Übungsdurchlauf benötigen.

Programmieren Sie Ihren Körper und Geist auf diese Weise mindestens zweimal täglich, bis Sie die Prüfung mit Erfolg abgeschlossen haben.

Wird diese Übung beherrscht, dann erinnern Sie sich einmal an einen negativen Prüfungsverlauf. Es muß nicht gleich Ihr gravierendstes diesbezügliches Erlebnis sein.

Sie sollten nach jeweils drei positiven Gefühlsaufladungen einmal versuchen, sich an die Negativsituation zu erinnern. Dann werden Sie allmählich merken, daß sich die Negativerinnerung zunehmend positiver darstellt oder einfach schwächer wird. Nach einiger Zeit fällt es Ihnen schwer, sich überhaupt an die Negativsituation zu erinnern, oder Sie kommt Ihnen unwahr und lächerlich vor.

Ankern Sie versuchsweise auf dem Höhepunkt der negativen Situation ebenfalls auf der linken Schulter. In den meisten Fällen überdeckt nun das ursprünglich und häufiger geankerte positive Gefühl das negative.

Stellen Sie sich, bis Sie die Prüfung hinter sich haben, die positive Prüfungsphase mit allen Vorbereitungen und mit jedem Mal detaillierter vor. Motivationskraft und Durchhaltevermögen steigern sich zusehends. Darüber hinaus werden Sie feststellen , daß Ihnen immer mehr Möglichkeiten einfallen, wie Sie Ihre Prüfungsvorbereitung optimieren können.

Früher verschwendeten Sie immer wieder Gedanken und auch Zeit damit, wegen eines negativen Ausgangs der Prüfung zu bangen. Das positive Vorausdenken nimmt auf keinen Fall mehr Zeit in Anspruch!

Gewöhnung an die Prüfungssituation – der nächste Schritt

Häufig bewirkt allein die ungewohnte Fragestellung, daß einem etwas nicht einfällt, obwohl man es gelernt hat.

Nachdem wir mit Hilfe des NLP und der positiven Visualisation die psychischen Blockaden abgebaut haben, muß ich Sie auf die ebenso wichtigen praktischen Hilfestellungen hinweisen, die Sie im Abschnitt über Fremdsprachenlernen und über die Arbeit mit dem Karteikasten finden. Auch die einzelnen Schritte der Vorgehensweise beim Lernen von Fremdsprachen lassen sich auf alle anderen Lernfächer übertragen. Ebenso wesentlich ist der Abschnitt über das effektive Lesen.

Steigern Sie Ihr Durchhaltevermögen, indem Sie sich die Prüfungsphase von Mal zu Mal dataillierter vorstellen!

Ich habe bereits erwähnt, daß es wichtig ist, die Fragestellung auf der Vorderseite der Karteikarte so zu gestalten, daß sie prüfungsähnlich ist. Es lohnt sich, durch Gespräche mit jemandem, der diese Prüfung, Klausur oder Klassenarbeit bereits gut bestanden hat, über den Ablauf und die Frageform der Prüfer zu sprechen.

Vermeiden Sie es jedoch, jemanden zu fragen, der die Prüfung nur knapp oder vielleicht gar nicht bestanden hat. Er wird kaum positive Hilfen geben können und eventuell neue Prüfungsängste in Ihnen aufbauen.

Beachten Sie auch, daß eine Prüfungssituation absolut unnatürlich und außergewöhnlich ist.

Beachten Sie, daß eine Prüfungssituation absolut unnatürlich ist!

Sie sind erst dann gut auf eine Prüfung vorbereitet, wenn Sie sich unter prüfungsähnlichen Bedingungen erinnern können.

Im Prüfungsraum können Sie weder herumgehen, noch sich eine Zigarette anstecken oder einen Kaffee kochen und trinken – auch wenn Sie aus Erfahrung wissen, daß Ihnen dann sicherlich mehr einfallen würde.

Drücken sie Ihre Fragekarten ruhig jemandem in die Hand, der Ihnen nicht so sympathisch ist. Benutzen Sie einen ungemütlichen und ungewohnten Raum für die Prüfungssimulation. Bleiben Sie bei der Beantwortung der Fragen exakt an Ihrem Platz. Legen Sie keine Pausen ein, die es in der realen Prüfungssituation auch nicht geben wird.

Wenn Sie die *Simulationsprüfung* erfolgreich durchlebt haben, ankern Sie diese Situation auf Ihrer linken Schulter.

Zum Thema Erörterungen, Klausuren, Facharbeiten, Zulassungsarbeiten u. ä. sind noch folgende Tips hilfreich, um nicht in Zeitnot zu kommen:

1. Lassen Sie sich Zeit, um die Themen genau zu lesen.

2. Werden Sie sich klar darüber, welches Thema Sie ganz sicher nicht wählen wollen.

3. Fragen Sie sich, welches Thema zur Bearbeitung mehr hergibt und treffen Sie dann ihre Wahl. Ab jetzt sind die anderen Themen gestorben.

4. Schauen Sie auf die Uhr! Wieviel Zeit ist bis jetzt vergangen?

5. Erstellen Sie nun die Gliederung. Wieviele Punkte und Unterpunkte hat sie? Die Ihnen nun noch verbliebene Zeit, abzüglich einer Reserve von fünf Minuten, sollten Sie entsprechend der Anzahl der Gliederungspunkte aufteilen.

Jetzt wissen Sie, wie lange Sie für die Bearbeitung der einzelnen Punkte Zeit haben. Die zusätzlich abgezogenen 5 Minuten dienen dem abschließenden Lesen und Korrigieren oder als Zeitpuffer, um noch ganz schnell die letzten Sätze zu Papier zu bringen.

Jetzt sind Sie optimal vorbereitet und mit Sicherheit der Situation gewachsen.

Sich Namen und Gesichter merken

Tagtäglich begegnen wir neuen Menschen und damit auch neuen Namen. Beim richtigen Namen genannt zu werden, vermittelt uns das Gefühl, vom anderen geachtet zu sein. Nennt man uns beim falschen Namen oder verändert unseren Namen zudem auch noch in verallgemeinernder Weise, dann kommt schnell Abneigung auf. Sich Namen und Gesichter richtig zu merken, ist also ein Akt der Höflichkeit und in vielen Fällen auch eine Hilfe im Kampf um berufliche Anerkennung.

Unterteilung in Gruppen

Alle Namen lassen sich grundsätzlich in fünf Gruppen unterteilen, was beim Merkvorgang sehr hilfreich sein kann.

1. Berufe und Hauptwörter:

Schneider, Bäcker, Nagel, Spitzer und dgl. Hier fällt es leicht, die Namen in ein Bild umzuwandeln.

2. Namen, die auch bekannte Personen trugen:

Einstein, Christ, Salomon, Schiller usw. Diese Namen können wir mit dem bildhaft verbinden, was wir über die geschichtlichen Persönlichkeiten wissen.

3. Zusammengesetzte Namen:

Tisch-bein, Brett-schneider, Baum-garten, Apfel-schnitz, Kamin-ski.
Tisch und Bein oder Garten mit Bäumen läßt sich ebenfalls leicht vorstellen.
Etwa 45 Prozent aller deutschen Namen entfallen auf diese ersten drei Gruppen.

4. Namen, die sich nur durch wenige Buchstaben von konkreten Begriffen unterscheiden:

Kanner	Kanne
Kleier	Kleie
Flamm	Flamme
Bardt	Bart
Floss	Flosse
Harth	Hart

Diese Namen erlauben eine direkte Verbindung zu Begriffen. Daher fällt es nicht schwer, sie durch geringfügige Abwandlungen oder Ergänzungen in gut vorstellbare Begriffe abzuändern.

5. Namen, für die wir ähnlich klingende, konkrete Begriffe erfinden müssen:

Behrend	Bär rennt
Juraszcec	Jurastudent mit Scheck
Grimas	schneidet Grimassen
Tuscheck	Tuch im Scheck
Siedelhotten	Siedeln und Hottentotten
Grandi	Ghandi oder grantig

Sich Namen und Gesichter richtig zu merken, ist eine Hilfe im Kampf um berufliche Anerkennung.

Einprägen von Gesichtern und weiteren Merkmalen einer Person

Im nächsten Schritt geht es darum, eine Verbindung zwischen Name und Gesicht herzustellen. Um uns ein Gesicht merken zu können, müssen wir erst einmal das genaue Beobachten üben. Die Checkliste am Ende des Abschnitts (S. 56 und 57) wird dabei eine Hilfe sein.

Uns interessieren lediglich die hervorstechenden »Merkmale« einer Person. Diese übertreiben wir in unserer Vorstellung möglichst plastisch und benutzen sie als »Aufhänger« für den Namen:

Um uns ein Gesicht merken zu können, müssen wir erst einmal das genaue Beobachten üben.

Auf dem Schnurrbart von Herrn Geiger könnte man Geige spielen.

Herr Schäfer hat ein Schafwolltoupet auf seiner Glatze.

Frau Durst hat eine gänzlich ausgetrocknete Gesichtshaut.

Frau Braun hat glücklicherweise braune Augen.

Herr Dr. Voll hat ein pausbäckiges Gesicht.

Wie wär's mit einem Reim?

Herr Raabe ist ein kleiner Knabe.

Die Haare von Herrn Geller werden auch immer heller.

Bei Frau Wildfang sind die Beine viel zu lang.

Namen aller Art

Das Prinzip, Namen in vorstellbare Begriffe umzuwandeln, läßt sich bei Namen aller Art anwenden:

bei Straßennamen

Auelgasse	Paul und Gasse
Tuckerweg	tuckernder Trecker
Im Jägergarten	Jäger im Garten
Fauststraße	Faust
Reuterstraße	Reiterstraße
Schleuterbach	schleudern und Bach
Chadottenstraße	Mädchenname Charlotte
Wahner Straße	der Wahnsinn

bei Firmennamen

Auto Niesegang	niesen und Gang
Detektive Kripps	Grips
Möbel Auer	die Aue
Baufirma Nengel	Mängel
Gerüstebau Pollerhof	Poltern auf dem Hof
Institut Badorf	im Dorf baden

bei Produktnamen

Nille Eiskreme	Vanille
Ökker Schokolade	ockerfarben
Rieter Orangensaft	der Reiter trinkt Orangensaft
Seller Wein	to sell (verkaufen), Wein verkaufen

bei Bergen

Ellerspring	Elle und springen
Moritzberg	Moritz (von Max und Moritz) auf dem Berg
Donnersberg	es donnert auf dem Berg
Erlenkopf	Kopf und die Erle

bei Flüssen

Glan	der Klan
Zinsel	Zins
Kraichbach	am Bach kreischen
Prims	Bimstein
Ruwer	rufen

Absurd und überspitzt

Was immer Sie sich ausdenken, es muß so farbenfroh, drastisch oder absurd gestaltet sein, daß es sich in Ihrem Gedächtnis festsetzt. Es soll sich ja von der Alltagsnormalität unterscheiden!

Sie werden merken, wie sich Ihr Gedächtnis zunehmend auf diese Merkhilfen einstellt. Immer schneller werden Ihnen entsprechende bildhafte Sätze und Begriffe einfallen. Mit etwas Übung haben Sie bald keine Probleme mehr mit Namen.

Nutzen Sie Wartezeiten, indem Sie ein Telefonbuch aufschlagen und Namen gedächtnisgerecht umgestalten. Suchen Sie in Zeitschriften nach Personenfotos und deren auffälligen Merkmalen, um Verbindungen zwischen Bild und Namen herzustellen.

Kopieren Sie sich die nachfolgende Checkliste. Wenn Sie zum Beispiel irgendwo warten müssen, nutzen Sie die Zeit, um Auffälligkeiten an den Sie umgebenden Personen zu entdecken. Welche Namen müßten diese Personen im Idealfall haben?

Nutzen Sie Wartezeiten, indem Sie ein Telefonbuch aufschlagen und Namen gedächtnisgerecht umgestalten.

Checkliste Gesicht und Körper
Suchhilfen für besondere Merkmale

Gesicht:

Haare	Farbe, Form, gewellt, gelockt, kurz, lang, dick, fein, kraus, struppig, wuschelig, dicht, spärlich etc.?
Stirn	Falten, keilförmig, eckig, hoch, schmal, gerade, vorgewölbt, fliehend etc.?
Augen	groß, klein, eng zusammenstehend, weit auseinander liegend, vorspringend, tiefliegend, mandelförmig, Farbe, Brille usw.?
Augenbrauen	dünn, buschig , stoßen an der Nasenwurzel zusammen, etc.?
Nase	dick, spitz, Stupsnase, fleischig, platt, schmal, breit, kurz, lang, haarig; große/kleine Nasenlöcher etc.?
Wangen	dick oder eingefallen etc.?
Ohren	groß, klein, abstehend, fleischig, haarig, angewachsene Ohrläppchen? Verhältnis zur Augenachse, Ohrringe etc.?
Lippen	voll oder schmal, spitz, Mundwinkel nach oben oder unten, Lippenstiftfarbe etc.?
Kinn	groß, klein, spitz, eckig, rund, vorspringend, fliehend, brutal, Teilungsfurche, Doppel-, Hängekinn etc.?

Checkliste Gesicht und Körper
Suchhilfen für besondere Merkmale

Bart	Schnurrbart, Vollbart, Spitzbart, Koteletten, gezwirbelter Kaiserbart etc.?
Besonderheiten des Gesichts	Narben, Pickel, Muttermale, Warzen, Sommersprossen etc.?
Nacken	sehnig-schlank oder Stiernacken etc.?
Gesichtshaut	dunkel, hell, fettig, trocken, fleckig, runzelig, teigig, Besenreiser, Rötungen, Farbe, blaß etc.?
Hände	schmal, feingliedrig, dicke Pratzen, gepflegt etc.?
Fingernägel	kurz, lang, abgebrochen, abgebissen etc.?
Finger	spindeldürr, dick, aufgeblasen, Verletzungen, ungewöhnliche Haltung oder Bewegung, Schmuck etc.?
Stimme	wohlklingend, hoch, tief; hektische Sprache etc.?
Allgemein:	
Ähnlichkeiten	Merkmale, die an eine Ihnen bekannte Person erinnern?
Auffälliges an Sprache, Bewegung und Haltung	Redet wie ein Wasserfall? Gebückt, überstreckt; schlürfender Gang?
Auffälliges an der Kleidung	evtl. typisches Kleidungsstück
Welchen Beruf und Charakter könnte die Person haben?	Friseuse, Lehrerin, Maurer; listig, fröhlich, miesepetrig etc.?

Wenn es einem auf der Zunge liegt

Es ist schon gut, wenn man noch weiß, daß man es weiß. Es liegt einem sozusagen auf der Zunge, aber...

1. Gehen Sie im Geiste alle Buchstaben des Alphabets durch. Meist kommt die Erinnerung, wenn Sie beim Anfangsbuchstaben des gesuchten Namens oder Begriffs angelangt sind.

2. Wenn Sie versuchen, das Wort innerlich zu sprechen, erinnern Sie sich möglicherweise über den Klang des Wortes daran.

3. Um sich an Einzelheiten aus längst vergangenen Zeiten zu erinnern, ist es sinnvoll, auf allen Ebenen der Wahrnehmung und damit auch der Speicherung nachzuforschen.

Unser Gedächtnis ist immer bemüht, Zusammengehörendes und Ähnliches nebeneinander zu speichern.

Welches Bild?

Beginnen Sie mit einer Naheinstellung auf ein Detail, oder gehen Sie aus der Vogelperspektive langsam auf den Ort zu. Beginnen Sie an einer Stelle, an die Sie sich noch einigermaßen erinnern können, und erleben Sie Schritt für Schritt ganz bewußt:

Wie war das Wetter? Spüren Sie etwas im Gesicht?

Gab es Geräusche, Klänge oder Stimmen? Wurde etwas dabei gesprochen?

Irgendwelche Eindrücke von Geruch oder Geschmack?

Wie fühlte sich Ihr Körper damals an? Verkrampft, bedrückt, angenehm?

Welches Gefühl hatten Sie in der betreffenden Situation?

Denken Sie immer daran, daß im entspannten Zustand der Zugang zu tieferen Gedächtnisbereichen leichter ist. Träumen Sie sich in die Situation hinein.

Wenn Sie daran denken, daß unser Gedächtnis immer bemüht ist, Zusammengehörendes und Ähnliches nebeneinander zu speichern, dann wird Ihnen der Sinn des Vorsortierens verständlich. Ordnen Sie nach Oberbegriffen, Farben etc.

Was wollte ich eigentlich hier?

Sie sind konzentriert mit einer Tätigkeit beschäftigt und merken, daß Ihnen etwas Wichtiges fehlt. Nun finden Sie sich im Keller wieder, wissen aber nicht mehr, was Sie hier eigentlich wollten. Das ist wirklich kein Grund, an Ihrem Gedächtnis zu verzweifeln. Es ist eine ganz natürliche Situation, denn auf dem Weg in den Keller waren Sie wieder mit Ihrer ganzen Konzentration bei der Haupttätigkeit.

Sie sollten, bevor Sie in den Keller aufbrechen, sicherheitshalber in Ihrer Vorstellung den Ordner, den Sie holen wollen, mit Teer bestreichen und mit Gänsefedern bestreuen.

Diesen Weg vergessen Sie nicht

Wenn Sie sich einen Weg merken wollen, dann suchen Sie nach markanten Details. Bereits in einem Stadtplan lassen sich auffällige Gebäude, Plätze, Standbilder, Brunnen etc. häufig erkennen. Noch leichter haben Sie es, wenn Sie sich den Weg von jemandem erklären lassen. Er kann Sie auf einprägsame, auffällige Dinge hinweisen.

Stellen Sie sich vor Ihrem inneren Auge eine Karte vor, auf der Sie die markanten Punkte und den Wegverlauf sehen. Benutzen Sie dabei eine Bilderkette von links nach rechts. An diese Richtung ist unser Gedächtnis bereits vom Schreiben her gewöhnt.

Plazieren Sie zum Beispiel an Ecken, an denen Sie rechts abbiegen müssen, einen roten Clown; einen lila Clown, wenn es links herum geht. Sie können die Clowns auch mit den Zahlensymbolen verbinden, damit Sie eindeutig wissen, um die wievielte Ecke es sich handelt.

Wenn Sie sich zusätzlich noch vorstellen, Sie trügen, während Sie den Weg gehen, einen schweren Mühlstein unter dem Arm, den Sie sich für Ihren Garten mitgenommen haben, dann ist auch der verstärkende Erinnerungsspeicher für ein Körpergefühl mit eingesetzt, und die Einprägfähigkeit wird zusätzlich erhöht.

Wiederholen Sie sicherheitshalber die Auskunft, damit Sie Ihr Gedächtnis kontrollieren können.

Haben Sie keine Angst, etwas durcheinanderzubringen. Ihr akustisches oder optisches Gedächtnis, mit dem Sie früher diese Situation allein hätten bewältigen müssen, läuft ja immer noch parallel. Durch Ihr Bemühen um die erweiterte bildhafte Vorstellung verlängert sich die Einprägungszeit, was sich auch günstig auf das Erinnern auswirkt. Mit Ihrer Bildgeschichte können Sie zudem auch noch spielen, während sie auf dem Weg sind.

Durch eine erweiterte bildhafte Vorstellung beeinflussen Sie Ihr Erinnerungsvermögen günstig.

Der Vergeßlichkeit vorbeugen

Was soll man tun, wenn dies oder jenes auf keinen Fall vergessen werden darf?

Sicher hilft Ihnen dann ein Trick aus dem »Erste-Hilfe-Kasten« des Gedächtnisses.

Verstellen Sie sich den Weg

Stellen Sie den Gegenstand, den Sie morgen unbedingt mitnehmen müssen, mitten in den Weg. Beispielsweise vor die

Wohnungstür oder auf Ihren Frühstücksplatz. Deponieren Sie die Autoschlüssel darauf.

Ein Zettel am Spiegel

Merkzettel am Computerbildschirm sind hilfreich.

Schreiben Sie einen Merkzettel und hängen Sie ihn beispielsweise an den Badezimmerspiegel oder an den Garderobenspiegel. Wählen Sie einfach einen Ort, an dem Sie sicher vorbeikommen, oder einen Gegenstand, den Sie bestimmt in die Hand nehmen werden (Aktentasche, Schlüsselbund, Brieftasche) für den Merkzettel.

Zeitlupe und Nonsens-Krücken

Wenn Sie sich nicht sicher sind, ob Sie Radio und Herd ausgeschaltet oder die Haustür abgeschlossen haben, dann machen Sie es sich zur Gewohnheit, gerade diese Dinge ganz bewußt zu machen, förmlich in Zeitlupe.

Oder verbinden Sie die Dinge, die auf jeden Fall vor dem Verlassen des Hauses gemacht werden müssen, durch eine lustige Geschichte: Radio springt auf Herd und pfeift wie ein Wasserkessel, Haustür kommt gerannt und nimmt Radio vom Herd.

Sie können sich auch vorstellen, die Klinke Ihrer Wohnungstür wäre rotglühend heiß, sie würde nach verbrannter Haut st nken und unangenehm quietschen. Dann denken Sie sicher daran, die Tür abzuschließen.

Computerhilfe

Wenn Sie häufig am Computer arbeiten oder fernsehen, so ist natürlich auch ein Merkzettel am Bildschirm oder Monitor sinnvoll. Viele Computerprogramme, z.B. Windows, haben ein Terminkalenderprogramm. Wenn Sie es einschalten, erinnert Ihr Computer Sie an geplante wichtige Vorhaben.

Der Zahnbürstentrick

Natürlich können Sie auch wichtige Hinweise und Vorhaben mit Ihrer Zahnbürste in Verbindung bringen.

Anrufbeantworter als Notizzettel

Fällt Ihnen unterwegs etwas Wichtiges ein, rufen Sie doch einfach Ihren Anrufbeantworter an und vertrauen Sie ihm die Information an. Sicher werden Sie, wenn sie nach Hause kommen, als erstes den Anrufbeantworter abhören.

Erinnerungen deponieren

Natürlich geht das Ganze auch ohne sichtbare Merkzettel an den verschiedensten Orten. Stellen Sie sich Ihren Ihnen völlig vertrauten Weg zur Schule, ins Büro, zu Ihren Eltern, Kindern oder zu Ihrer Wohnung vor.

Schreiten Sie im Geiste den ganzen Weg ab. An markanten Punkten, an denen Sie sicher vorbeikommen werden, deponieren Sie in Gedanken »Merkzettel«. Wenn Sie dann an den Stellen vorbeikommen, wird Ihnen Ihr gedanklicher Merkzettel wieder einfallen. Sie können an auffallenden Gebäuden, wichtigen Läden, Türeingängen oder anderen Wegpunkten Ihre Memos ablegen.

Beispiele:

Stellen Sie sich die Bushaltestelle mit Kleidern verhangen vor – dann denken Sie sicher daran, daß die Kleider noch aus der Reinigung abgeholt werden müssen.

Aus allen Fenstern des Rathauses quellen Formulare – dann werden Sie nicht vergessen, die notwendigen Formulare abzugeben oder zu holen.

Die Straßenkreuzung ist mit lauter Brötchen versperrt – Sie denken sicher daran, noch zum Bäcker zu gehen.

Eine weitere Hilfestellung

Wenn sie häufig Dinge verlegen – Ihre Schlüssel, Geldbörse oder auch Ihre Brille –, beobachten Sie einmal ganz genau den Weg, auf dem Sie Ihre Wohnung betreten oder verlassen. Meist liegt das Gesuchte an diesem Weg.

Alle bildhaften Vorstellungen und Verknüpfungen sollen möglichst unlogisch, absurd, grotesk, skurril, komisch, possenhaft, lächerlich, albern, blödsinnig, vulgär, schlüpfrig, obszön, sinnlich, gigantisch, übertrieben, verzerrt, schockierend, grausig, gruselig, kontrastreich, leuchtend, grell, dramatisch, effektvoll und bewegt sein. Unbewegliche und alltägliche Phantasiebilder bleiben im Gedächtnis nicht hängen! Je ausgefallener die Bilder, um so wirkungsvoller sind sie. Achten Sie darauf, nicht nur ein Bild aufzubauen, integrieren Sie extreme Gerüche und Töne, aber auch seltsame Gefühle in das vorgestellte Bild.

Powernahrung für Ihr Gedächtnis

Wenn uns oder unseren Kindern das Konzentrieren und Erinnern schwerfällt, dann fehlen vielleicht wichtige Bau- und Betriebsstoffe für das Gehirn in der Ernährung der Familie.

Mit der richtigen Nahrung können Sie die Konzentrationsfähigkeit positiv beeinflussen.

Nahrungsmittel dienen dazu, verschiedene Neurotransmitter (Nervenbotenstoffe) im Gehirn zu bilden. So wird Tryptophan, ein Eiweiß aus unserer Nahrung, zu Serotonin verarbeitet, einem beruhigend wirkenden chemischen Stoff, der uns schläfrig macht.

Gleichzeitig wird aber auch aus dem Eiweiß Tyrosin, das in der Nahrung enthalten ist, Dopamin und Norepinephrin gebildet. Diese Neurotransmitter regen

Viele Nahrungsmittel wirken günstig auf den Hirnstoffwechsel.

die Hirnfunktionen an. Wegen ihrer unterschiedlichen Größe und Konzentration im Blut kämpfen die Nahrungseiweiße förmlich miteinander um den Zugang zum Gehirn.

So kommt es dazu, daß fetthaltige und kohlenhydratreiche Nahrung zwar glücklich, aber auch müde macht (z. B. Bonbons, Kuchen, Schokoriegel, Eiskrem, Limonade).

Auch gesättigte Fettsäuren, wie sie in Schweineschmalz, Wurstwaren, Gebäck, Kokosfetten und Butter enthalten sind, lähmen die Hirnfunktion meßbar.

Eiweißhaltige Nahrungsmittel sind dagegen eher Muntermacher (z. B. Sojamilch, Keimkost, Hülsenfrüchte, Nüsse); das gilt auch für fettarme Meeresfrüchte, Putenbrust, magere Milch, fettarmen Joghurt und mageres Rindfleisch.

Wir brauchen jedoch nur wenig davon, 25 bis 50 Gramm pro Tag, wenn wir ihre Wirkung nicht durch die Zugabe von Kohlenhydraten und Fetten blockieren!

Die Leistungsbeeinträchtigung unseres Gedächtnisses, schlechte Laune, Depressionen, Angstgefühle, Nervosität und Agressivität können auch durch den Mangel an bestimmten Nährstoffen ausgelöst werden. Das Gehirn beansprucht mindestens 20 Prozent unserer Nahrung.

Neben noch unbekannten Stoffen enthalten die im folgenden aufgeführten Nahrungsergänzungsmittel und Heilpflanzen reichlich Bor, Chrom, Eisen, Kupfer, Magnesium, Mangan, Kalzium, Phosphor, Zink, die Vitamine B1 (Thiamin), B2 (Riboflavin), Provitamin A (Carotin) und Vitamin C. Diese Mineralstoffe, Spurenelemente und Vitamine sind besonders günstig für den Hirnstoffwechsel.

Wir beziehen sie in ausreichender Menge aus Gemüse- und Obstarten.

Die Gemüse- und Fruchtsäfte aus biologischem Anbau sind eine empfehlenswerte Alternative, wenn Zeit oder Möglichkeit zum Selberpressen fehlt.

Frischgekeimte Sprossen enthalten nicht nur lebenswichtige Vitalstoffe, sondern sind auch besonders leicht verdaulich.

Borretschöl, in Kapselform im Handel erhältlich.

Cholin, aus Keimkost, Sauerkraut, Avocado und Nüssen.

Ginseng ist eine Wurzel, die es in alkoholischen Auszügen, als Pulver und Kapseln gibt. Wegen der Qualitätsunterschiede am besten aus der Apotheke.

Ginkgo ist in einer Vielzahl von Präparaten verarbeitet, z. B. Ginkgo-Strath comp. Am besten in Kombination mit Strophantus-Strath comp. Die günstige Wirkung des ursprünglichen Herzmittels Strophantin auf den Hirnstoffwechsel wurde erst in letzter Zeit entdeckt.

Hafer, möglichst selber quetschen.

Hefe ist dann besonders wirksam, wenn sie mit Heilpflanzen gefüttert wurde, wie z. B. PK-Strath Kräuterhefe.

Heidelbeere, auch als Trockenpulver und tiefgefroren günstig.

Ingwer, frische Wurzel oder Pulver.

Kalmus, 1 Teelöffel der feingeschnittenen Wurzel in 1 Tasse heißes Wasser oder Milch geben und nach fünf Minuten abseihen, oder in kaltem Wasser zwölf Stunden stehen lassen und abseihen.

Koriander, als Gewürz.

Zwiebel, Knoblauch, Bärlauch, Mistel, Weißdorn, Hafer, auch in Form von Pflanzensäften.

Lecithin, besonders in Verbindung mit ungesättigten Fettsäuren.

Meeresalgen und **Spirulina Algen**

Nachtkerzen, ganze Pflanze im Salat und als Ölkapseln.

Rohe, schwarze Zuckerrohrmelasse, zu beziehen durch Honig Reinmuth, Imkerweg 2, 74821 Mosbach

Thymian, als Gewürz und ätherisches Öl.

Walnuß, bis zu 10 Stück pro Tag.

Melissen-, Mistel, Weißdorn-, Rosmarin-, und Grüner Tee.

Kaffee, Kakao und schwarzer Tee, maximal zwei Tassen täglich, regen den Hirnstoffwechsel an. Zuviel macht abhängig und führt zu Hirnleistungsminderung!

Literaturangaben

Angerstein, J.H.: Kosmologie, Schlüssel zu Gesundheit und Harmonie
Benson, H. Your Maximum Mind
Benson, H. / Klipper, M.Z.: Gesund im Stress
Birkenbihl, Vera F.: Die Birkenbihl-Methode, Fremdsprachen zu lernen
Cameron-Bandler, L. / Lebau, M.: Die Intelligenz der Gefühle
Kandel, E.R. / Schwartz, J.H.: Molecular Biology of Learning
Kossak, H.C.: Hypnose
LeCron, L.M.: Selbsthypnose
Lorenz, K.: Die Rückseite des Spiegels – Naturgeschichte des Erkennens
Miller, E.E.: Software for the Mind
Naef, R.: Rationeller Lernen
Ostrander S.: Superlearning
Popper, K.R.: Das Ich und sein Gehirn
Rasmussen T. / Milner, B.: The role of early left-brain injury
Robins, A.: Das Power Prinzip
Schmid-Oumard, W.: Lehren mit Leib und Seele
Segal, L.: Das 18. Kamel oder die Welt als Erfindung

Nicht die Menge, sondern die Qualität der Vitalstoffe in der Nahrung ist entscheidend.

Register